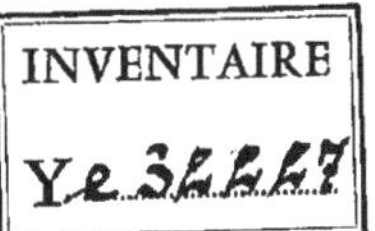

VAUDOIS

DES ALPES-ITALIENNES

DE 1685 A 1694.

POÈME.

(Par A. Muston)

LES PREMIERS CHANTS.

PARIS,
PAULIN ET LECHEVALIER, ÉDITEURS,
60, RUE RICHELIEU.

MDCCCLV.

VALENCE. — Imprimerie MARC AUREL.

LES VAUDOIS.

Poëme.

LES

VAUDOIS

DES ALPES ITALIENNES

DE 1685 A 1694.

POÈME.

LES PREMIERS CHANTS.

PARIS,
PAULIN ET LECHEVALIER, ÉDITEURS,
60, RUE RICHELIEU.

MDCCCLV.

NOTICE

SUR LE SUJET DU POÈME

ET QUELQUES MOTS

D'INTRODUCTION

Particulièrement sur les rimes de nombres dissemblables.

Après la révocation de l'édit de Nantes, Louis XIV usa de son impérieuse influence sur le Duc de Savoie (Victor-Amédée II), pour l'engager, contre les Vaudois des Alpes Italiennes, dans des mesures de rigueur, analogues à celles dont les protestants étaient frappés en France.

Les vallées vaudoises furent alors ensanglantées par une guerre, qui dura près d'une année, et qui se termina par l'entière expulsion de leurs habitants. Les Vaudois furent accueillis en Suisse, et de là en d'autres pays : vivant du travail de leurs mains, ou des secours de leurs coréligionnaires.

Après deux ans et demi d'exil, ces montagnards dispersés, ne pouvant se résoudre à vivre et à mourir loin de leur patrie, résolurent d'y rentrer à tout prix.

S'étant embarqués, sur le lac de Genève, dans la nuit du 16 au 17 août 1689, ils traversèrent la Savoie, par les chemins les plus impraticables; suivirent la crête des Alpes, et parvinrent enfin dans leurs vallées natales, après avoir battu le marquis de Larrey, sur les bords de la Doire.

Ayant reconquis leurs héritages, ils durent, pour s'y maintenir, lutter encore avec une admirable résolution, contre les armes réunies de Louis XIV et du Duc de Savoie, ligués pour les détruire. Cette lutte se prolongea pendant plus d'un an. Catinat lui-même échoua contre cette poignée de braves. Cependant, ils auraient sans doute fini par être écrasés, si une rupture politique, survenue entre la France et le Piémont, n'eût armé l'un contre l'autre les Souverains de ces deux pays.

Ces Monarques, devenus ennemis, cherchèrent l'un et l'autre à se rattacher les troupes aguerries des montagnards Vaudois, qui occupaient les frontières de leurs États respectifs, et qui n'hésitèrent pas à soutenir leur prince légitime. — Plus tard, fugitif à son tour devant les armes victorieuses de Louis XIV, ce Prince, devenu Roi, se réfugia au sein de cette peuplade fidèle, qui contribua à le rétablir sur son trône. (Ces derniers évènements n'eurent lieu qu'au commencement du XVIIIe siècle; mais il était permis de resserrer les faits, dans le cadre d'un ouvrage purement littéraire.)

La Cour de Rome toutefois voyait avec peine une église dissidente reprendre pied en Italie. — Car les Vaudois formaient une Communion chrétienne, séparée de l'Eglise Romaine, longtemps avant la Réformation du XVIe siècle, à laquelle pourtant ils n'avaient pas tardé de se rattacher. — Innocent XII alla même jusqu'à faire casser, par le Saint-Office, l'édit de Victor-Amédée II, qui rétablissait les Vaudois sur le territoire de leurs ancêtres (1694); mais ce Prince sut résister, avec énergie, aux prétentions du Saint Siège; et les Vaudois furent maintenus dans leurs montagnes, où ils subsistent encore de nos jours.

Tel est le sujet de ce Poème. Il sera divisé en trois parties : les Vaudois bannis de leur patrie ; les Vaudois en exil, et le Retour des Vaudois dans les Alpes.

Une histoire de ce petit Peuple, récemment publiée et traduite dès son apparition, n'a dû son origine qu'aux travaux préparatoires, qui avaient été entrepris pour la composition de ce Poème. C'est dire que depuis bien longtemps, il est sur le métier. On le trouvera bien imparfait sans doute, pour le travail qu'il a coûté, et même pour les encouragements qu'il a reçus. Ces derniers, cependant, sont jusqu'à un certain point une égide, sous laquelle il peut être permis à l'auteur d'abriter un peu sa défiance de lui-même.

Le Patriarche actuel du Parnasse français, Béranger, qui dans sa jeunesse, avait conçu le projet d'un poème épique, et qui depuis a donné tant de perfection à la forme littéraire qu'il a choisie, ayant eu la complaisance de lire, depuis longtemps, le manuscrit fort raturé de ce volume et d'une partie de ce qui suit, voulut bien mettre par écrit des conseils : dans lesquels, entre autres, insistant sur la nécessité d'un plan bien coordonné, l'aimable et judicieux Aristarque disait, avec autant de précision que de grâce : — « Un » plan bien conçu est un grand chêne, où viennent se nicher d'eux-» mêmes tous les oiseaux de la contrée ; c'est-à-dire où les épisodes » trouvent naturellement leur place. Les épisodes exigent aussi des » compositions ; et Virgile me paraît a cet égard le plus heureux » modèle..... Pardonnez-moi de vous citer Homère et Virgile, à » moi qui ne sais ni grec ni latin... A ces conditions, et à quelques » autres plus faciles à remplir, vous pourrez mener à bien une » œuvre, qui ne ressemblera certainement à rien de ce qu'on a fait » jusqu'ici. »

Voici plus de deux ans que ces lignes ont été écrites ; et la seule préoccupation de l'auteur a été, depuis lors, de faire droit à ces instructions précieuses et détaillées, qui eussent assurément rendu le Poème digne d'un véritable succès, si elles avaient pu être suivies avec la supériorité d'esprit et de goût qui les avait dictées.

Mais avant même que ces corrections eussent été entreprises, M. Ponsard écrivait à l'auteur : « Vous savez combien j'ai été frappé » de la grandeur du sujet, du courage de l'entreprise, et du mérite de » l'exécution. Ce Poème qui embrasse à la fois les mœurs de diverses » populations, la lutte des croyances et des idées, et la puissance » des sentiments, est une œuvre considérable, qui ne pouvait être » conçue que par un esprit vigoureux... Ce sera une des choses » remarquables de notre temps ; et je croirais rendre un vrai service » à notre littérature, si je pouvais contribuer à l'enrichir de cette » forte et substantielle composition. »

L'anonyme que l'auteur croit devoir garder encore, et le petit nombre de chants, par lesquels seuls il ose s'engager dans cette publication, montrent assez la part qu'il sait faire à la politesse, dans ces paroles d'encourageante sympathie.

Il est, en toute œuvre d'art, certaines limites de perfection, qui varient selon les facultés de l'artiste, mais au-delà desquelles la volonté la plus opiniâtre ne peut le faire parvenir : lors même que la vue de l'idéal s'étende pour lui, bien au-delà du point où il est parvenu.

Honorée autrefois d'une sorte de culte, considérée aujourd'hui presque comme un travers, la poésie peut néanmoins offrir aux pensées sérieuses des formes dignes d'elles ; et du moment qu'un Poème donnera à penser, ce ne sera plus une dérogation pour le penseur de s'occuper de poésie.

Le prix que l'on attache à la pensée profite même quelquefois, et devrait profiter toujours, au soin de l'expression. De là des jouissances d'artiste, que peut connaître le penseur ; surtout lorsqu'il lui est permis de diriger sur une œuvre suivie les forces disséminées de ses loisirs, et de goûter ainsi, au milieu d'occupations plus graves, les douceurs dans le plan primitif, par mettre en scène le départ de cette expédition. Mais ce début avait l'inconvénient de laisser ignorer au lecteur, ce qu'étaient les expéditionnaires ; comment ils se trouvaient exilés, et quelles ressources, quels motifs, quelles espérances ils avaient pour entreprendre, malgré d'immenses difficultés, cette œuvre de répatriation. Une exposition historique fut essayée, pour le dire ; mais elle ne pouvait faire connaître les mille liens de sentiment, d'habitudes et de regrets, qui, de si loin, attiraient invinciblement ces proscrits vers leurs Alpes natales. Les souvenirs de la patrie, racontés dans l'exil, semblaient pouvoir combler cette lacune ; mais l'origine de cet exil demeurait inconnue, et pour la mettre en lumière, il fallait prolonger des récits qui eussent retardé l'intérêt, en retardant l'action. C'est alors que, brisant tout-à-fait le premier cadre du Poème, on résolut de faire commencer cette action, dans les vallées Vaudoises elles-mêmes, à l'époque où leurs habitants en avaient été expulsés. La nécessité de faire connaître les causes de cette expulsion venait encore ici mettre obstacle à ce que l'action du drame s'engageât immédiatement. L'arrivée des réfugiés français au sein de ces vallées, offrait sans doute un cadre suffisant à la peinture des mœurs locales et à l'exposé des évènements généraux ; mais c'était commencer par mettre en scène des étrangers. Ouvrir ce drame populaire par des scènes de relations privées, était un moyen d'attirer l'attention sur les habitants du pays : mais, par ce début, on courait le risque de donner à l'Ouvrage un caractère trop individuel. Enfin des recherches historiques, un peu tardives, firent découvrir dans les Archives de Turin la lettre de Janavel : où cet illustre Vaudois, depuis longtemps proscrit, prévenait ses compatriotes encore tranquilles, des évènements funestes, que la révocation de l'Edit de Nantes lui faisait pressentir. Cette pièce, jusqu'alors inconnue, fournit le motif du début actuel.

C'est donc ici un ouvrage où l'étude et la persévérance ont plus de part que l'imagination. Le désir de bien faire n'y a pas du moins

que le culte des lettres peut offrir à la persévérance, dans une position obscure et des devoirs sérieux.

S'il est question, dans ce Poème, de guerres religieuses — comment ces deux mots ont-ils pu jamais s'allier? — c'était là une des conséquences du sujet; mais, dans la manière de le traiter, on reconnaîtra peut-être une tendance assez marquée, à élever la Religion, au-dessus des débats temporaires de la théologie et des partis, plutôt qu'à les exciter. Ces débats, souvent puérils et presque toujours stériles, ne seraient-ils pas à une phase supérieure et plus calme de la Religion, ce que la scolastique fut jadis à la philosophie qui allait être renouvelée?

Avant que des recherches récentes eussent répandu une égale lumière sur les divers plans de l'histoire des Vaudois, plusieurs parties de cette histoire étaient presque inconnues. Le retour des Vaudois dans leur patrie ayant été l'objet d'une publication spéciale (*), cet évènement dominait tous les autres, et attirait presque seul l'attention. — Quel beau sujet de poème! s'écria un jour, devant un enfant qui devait être plus tard le dernier des Vaudois exilés, un étranger, un voyageur anglais, aujourd'hui célèbre, mais alors inconnu, qui, passant dans les vallées Vaudoises, y entendait sans doute parler de ce retour extraordinaire pour la première fois.

C'est de là que date la première conception de cet ouvrage. Limité d'abord au retour des Vaudois dans leur patrie, il débutait,

(*) Histoire de la glorieuse rentrée des Vaudois, dans leurs vallées; *où l'on voit une troupe de ces gens, qui n'a jamais été jusqu'à mille personnes, soutenir la guerre contre le Roi de France et contre S. A. R. le Duc de Savoye : faire tête à leurs armées de vingt-deux mille hommes; s'ouvrir le passage par la Savoye et le Haut-Dauphiné; battre plusieurs fois les ennemis, et enfin miraculeusement rentrer dans ses héritages; s'y maintenir les armes à la main et y rétablir le culte de Dieu, qui en avait été interdit depuis trois ans et demi;* le tout *recueilli de mémoires qui ont été fidèlement tenus de tout ce qui s'est passé dans cette guerre des Vaudois, et mis au jour par les soins et aux dépens de* Henri Arnaud, Pasteur et Colonel des Vaudois. MDCCX. Sans lieu d'impression. Un vol. petit in-8° de 98 et 407 pages.

épargné le travail. Les remaniements qu'on a dû faire subir pour cela à ces Chants, écrits alternativement en strophes et en vers suivis, ont été cause que ces deux rhythmes ont parfois empiété l'un sur l'autre : donnant ainsi des strophes à rimes géminées, et des vers suivis à rimes entrelacées : ce qui, du reste, n'est pas contraire aux lois de la prosodie. Une infraction volontaire à ces lois, touchant la règle par laquelle il est interdit de faire rimer ensemble un singulier et un pluriel, nécessite ici quelques explications.

Pourquoi *accord*, rimerait-il avec *accort* et non pas avec *recors* ? Pourquoi ces deux mots, rimeraient-ils avec l'adverbe *encor*, et non pas le troisième ? Aucun d'eux n'est cependant au pluriel. On peut, dit-on, faire rimer ensemble un singulier et un pluriel, lorsqu'ils sont terminés par des signes semblables : comme *une faux* et *des faux ;* mais *défauts* est terminé par un signe différent, et rime fort bien aussi. Pourquoi la rime ne subsisterait-elle pas entre ces trois substantifs, s'ils étaient tous au singulier ? — Y a-t-il plus de ressemblance entre le *x* et le *s*, qu'entre le *s* et le *t ?* Et puis, n'est-ce pas une puérilité, que d'attacher la valeur des consonnances à la forme des lettres ? — L'exemple de tous ceux qui ont fait des vers prouve assez que cette règle, quelque bizarre qu'elle soit, peut être aisément observée ; mais quel avantage en résulte-t-il pour la poésie ? La surcharge des nombres pareils, qu'elle exige dans une même phrase est loin d'être conforme au génie de notre langue, où l'aisance est une force, puisqu'elle est une grâce ; et d'après lequel les inversions et les incises, dont le langage poétique fait un si grand usage, seraient inadmissibles dans la langue parlée.

Est-il, pour l'oreille, des consonnances plus riches que celles-ci : *il sème* avec *ils s'aiment*, *l'essieu* avec *les cieux*, *le zèle* avec *les ailes*, *l'écheveau* avec *les chevaux*, etc. ; et n'est-ce pas amoindrir les richesses de la langue des vers, que de se les interdire ? — Quelle singulière prosodie que celle qui dmet la rime d'*assaut* avec *grelot*, tandis que *saut*, *sceaux* et *seau*, ne rimeraient pas ensemble ? —

Encore si cette règle était conséquente dans ses interdictions : mais elle n'exige pas d'une manière absolue, que les deux termes d'une rime soient de même nombre, ni terminés par les mêmes signes, ni même par des signes semblables : qu'exige-t-elle donc? — Le maintien de certaines exceptions arbitraires, par lesquelles le *z*, le *x* et le *s*, seraient seuls exclus du privilège de terminer un vers, en regard d'un mot terminé par tout autre signe. On permettra plutôt de supprimer ce dernier! C'est ainsi qu'on fait rimer *je voi* avec *le roi*, *la loi*, etc.; mais si l'on retranche le *s*, à la première personne du singulier *je vois*, quel motif aurait-on de ne pas supprimer le *t* à la troisième, *il voit*, et les trois dernières lettres au pluriel *ils voient*? Puis tout cela admis, que gagnera la rime à ces tronçons de mots?

Boileau a-t-il bien fait de laisser un solécisme à la fin de ces vers (*Lutrin*, chant II) :

Il sort au même instant, il se met à leur tête,
A suivre ce grand chef l'un et l'autre s'apprête;

plutôt que d'écrire : « l'un et l'autre s'apprêtent », ce qui ne changeait rien à la consonnance, et satisfaisait bien mieux aux règles de la grammaire. L'œil n'est-il pas blessé, bien plus qu'il ne saurait être flatté, par la ressemblance matérielle des signes qui restent dans un mot mutilé? Et, n'eût-on pas à mutiler des mots, qu'y a-t-il donc de si flatteur, pour l'œil ou pour l'oreille, dans la vue d'un certain nombre de caractères d'imprimerie, se reproduisant en deux mots placés l'un au-dessus de l'autre?

L'usage a sanctionné cette règle, mais il ne la justifie pas. Si l'on voulait rimer à l'œil, on devrait défendre de faire rimer ensemble *impôt* et *échafaud*, *camp* et *fréquent*, etc., mots où il n'y a pas une seule lettre qui se reproduise dans les deux termes de la même rime. On devrait autoriser la riche consonnance d'*intimes* avec *intiment*, puisqu'entre cet adjectif et ce verbe, il n'y a que la désinale de changée, et qu'ils sont du reste l'un et l'autre au pluriel. Cependant cette rime ne serait pas permise, uniquement parce que l'un de ces mots est terminé par un *s* et l'autre par un *t*. Tout n'est-il pas arbitraire dans les bizarreries de cette règle prosodique ; et ne serait-il pas plus rationnel d'admettre, sans tant de complications, que tous les mots qui riment sont des rimes, de quelque manière qu'ils soient orthographiés ?

C'est ce que j'ai essayé de faire dans cet Ouvrage ; non pourtant sans avoir eu à vaincre bien des hésitations, avant d'oser ainsi proclamer l'égalité de tous les signes alphabétiques devant la rime, et la légitimité de toutes les rimes devant l'oreille ; — tant il est difficile d'avoir le courage de son opinion ! — Mais j'espère en l'indulgence des hommes de goût, pour excuser cette tentative, amenée uniquement par la réflexion, et qui, du reste, ne tire pas à conséquence, faute d'autorité.

LES

VAUDOIS

Des Alpes Italiennes

DE 1685 A 1694.

CHANT PREMIER.

LE MESSAGE.

Il est un peuple antique, aux modestes annales,
Glorieuses pourtant et riches de beaux jours;
C'est le peuple vaudois, dont les Alpes natales,
Sous le ciel d'Italie azurent leurs contours.
Longtemps persécuté pour la foi de ses pères,
Puis, chassé par l'exil aux rives étrangères,
De la patrie aimée il reprit le chemin
A travers les forêts, les lacs et les montagnes;
Là, seul contre deux rois, il soutint deux campagnes,
Pour la reconquérir les armes à la main.

Levez-vous dans ces chants, héroïques vallées!
Dont le front virginal, couronné de glaciers,
Garde la majesté des splendeurs étoilées,
Qui lui donnent l'éclat du bronze et de l'acier.
Quand le soleil levant vous couronne de roses,
Que la main de l'été, riche en métamorphoses,
Change un voile de neige en un tapis de fleurs :
Quand tout est poésie, amour, joie et lumière,
L'ombre des temps passés, mélancolique et fière,
A l'aspect de vos fils se lève dans nos cœurs.

Petit pays, grand peuple! — Et c'est dans cet asile,
Autrefois ignoré, que les premiers Chrétiens
Vinrent cacher leur vie et garder l'Évangile,
A l'abri des Tibère et des Dioclétien.
Lorsqu'avec Constantin l'Eglise triomphante
Eût partagé le sceptre et les maux qu'il enfante,
Ce modeste bercail, de plus en plus réduit,
Conservant aux déserts l'Église primitive,
Dont Rome avait perdu l'humble prérogative,
Dans son isolement fut frappé d'interdit.

Alors les échafauds, les bûchers se dressèrent;
Ils eurent des martyrs à lasser les bourreaux!
Des bataillons armés à leur tour s'avancèrent,
Mais du sang des martyrs naquirent des héros.
Enfin, par ses excès, la violence même

Vit tomber en débris son sanglant diadême!
Le calme reparut sur ce sol dévasté;
Au souffle de la paix les tombeaux refleurirent;
Les temples et les cœurs, à la fois, se rouvrirent,
Offrant à Dieu l'encens de leur fidélité.

J'entends la douce voix de la patrie absente
Qui, par-delà les monts, me pressant de chanter,
En épiques tableaux sans cesse me présente
Tous ces grands souvenirs que je veux raconter.
Mes vers seront sans art. Dans un rude branchage,
Les hameaux m'ont taillé cette lyre sauvage,
Dont la corde inégale a retenu le bruit
Du vent dans les sapins, des eaux sous les abîmes,
Des ailes de l'orage autour des hautes cimes,
Du brâme des chamois qui s'appellent la nuit.

Ainsi que des géants, debout sur la frontière,
Les Alpes, rapprochant leurs vastes boucliers,
Protègent ces vallons d'une ligne guerrière.
Dont l'horizon lointain voit luire les cimiers.
— Que la Muse s'incline aux pieds de votre Histoire,
O vous, dont les malheurs ont l'éclat de la gloire!
Fils des premiers Chrétiens et des derniers martyrs,
Revivez dans ces chants! que votre nom les peuple;
Le héros n'en est pas un homme, mais un peuple:
Et jamais nos concerts ne vaudront vos soupirs.

Dans les plis onduleux de ces riches collines
Où la vigne et le blé s'étagent en gradins,
Voyez-vous, au milieu d'un cadre d'aubépines,
Cette blanche demeure et ce petit jardin ?
C'est là que du Pasteur, la modeste famille,
Avant de ressaisir ou la plume ou l'aiguille,
Au culte du matin réunie à genoux,
Recueille dans son cœur la paix du sanctuaire;
Et, revenue ensuite à sa tâche ordinaire,
Trouve le jour plus calme et le travail plus doux.

Le Ministre est allé soulager l'indigence;
Apporter aux mourants, à leur premier appel,
Les secours de la Bible et ceux de la science
Qui leur rendent la vie ou leur ouvrent le ciel.
Sara, sa fille aînée, active ménagère,
S'occupe à disposer, sur l'étroite étagère,
Le linge de maison : luxe des villageois;
Et, d'un soin patient, sous l'aiguille muette,
Dont l'œuvre inaperçue est d'autant plus parfaite,
Répare les tissus, rajeunis sous ses doigts.

Sa mère, avec sa sœur : la petite Suzanne,
Mésange du logis, qui gazouille toujours,
Gaie à rendre un palais jaloux de la cabane :
Ont dirigé leurs pas, du côté de La Tour;
Et son frère Elysée au sommet des montagnes,

Intrépide chasseur qu'un chien seul accompagne,
Jusques sur l'Almanzor poursuit les bouquetins.
Mais depuis quelques jours comme eux presque sauvage,
Echappant dès l'aurore au paisible ermitage,
Plus fréquents sont ses pas, plus rare est le butin.

Des travaux du ménage à son tour affranchie,
Sara, restait donc seule à garder la maison.
Elle avait étendu sa lessive blanchie,
Sur les murs du jardin, sur les bras du buisson :
Et par fois, au travers de quelque déchirure
Une branche échappée étalant sa parure,
Corrigeait par des fleurs les défauts de l'habit.
La jeune fille avait apporté sa corbeille
Sur le seuil de la porte, à l'ombre d'une treille,
Près d'un petit enclos où paissaient ses brebis.

Là, tenant en ses mains un ouvrage de femme,
Que ses doigts semblaient faire à l'insu de son cœur,
Sara, les yeux baissés, en poursuivait la trame,
Quand, près d'elle, soudain, parut un voyageur.
Soit qu'elle fut alors occupée ou distraite,
A ses pas seulement elle leva la tête.
— Est-ce ici, lui dit-il, la demeure d'Arnaud?
C'est lui que je dois voir. — C'est moi qui suis sa fille,
Dit-elle, en se levant et posant son aiguille;
Veuillez entrer, Monsieur, il reviendra bientôt.

— Non : puisqu'il est absent que je sois libre encore
D'admirer, près de vous, ces magnifiques lieux.
De quels riches aspects le vallon se décore!
Tout fait bien pressentir qu'on doit y vivre heureux.
— Parmi nous cependant il est peu de richesses.
— Mais, rien à mes regards n'accuse la détresse.
— Il n'en est pas non plus, nul n'a trop, nul n'a rien.
— Et du Modérateur (*), où donc est le domaine?
— Là; depuis le sentier jusques à la fontaine.
— Comment pouvez-vous vivre avec si peu de bien?

— En y bornant nos vœux. Là le Seigneur nous donne
Le pain de chaque jour que nous lui demandons.
— Mais il est d'autres soins qu'exige la personne.
— La famille le sait; et nous nous les rendons.
Cet habit que je couds est celui de mon frère;
Je porte maintenant les robes de ma mère :
Les miennes, vont servir à ma petite sœur.
— Vous ne désirez pas de parures futiles?
— Lorsqu'on peut s'en passer elles sont inutiles.
— Elles plaisent aux yeux. — Mais Dieu regarde au cœur.

— Et comment, en hiver, passez-vous vos veillées?
— En famille, Monsieur, auprès de nos troupeaux
Descendus de l'alpage, aux premières gelées,
Pour venir réchauffer l'étable des hameaux.
— Et vous vivez près d'eux? — Oui. — Ce n'est pas croyable!

(*) Nom du chef administratif des Eglises Vaudoises.

Quoi! vous, charmante enfant : vous, sortir d'une étable!
— Notre Seigneur Jésus, n'en est-il pas sorti?
— Mais vous n'y passez pas du moins toutes vos heures?
Non ; ce n'est qu'en hiver. — Comment sont ces demeures?
— Aux neiges du dehors leurs murs sont assortis,

On les blanchit à neuf. Un palis nous sépare
Du paisible bétail, relégué vers le fond.
Le plancher, qu'avec soin on balaie et répare,
S'étend sous la fenêtre où nos travaux se font ;
— Quels sont-ils? — Le matin, quelque ouvrage paisible
Pareil à celui-ci ; l'un de nous lit la Bible,
L'histoire des martyrs, celle de nos aïeux.
— Et le soir? — On allume une lampe d'argile,
Retenue au plafond par un cordeau mobile,
Qui l'élève ou l'abaisse à la hauteur des yeux.

— Le temps doit sembler long en de telles soirées :
Surtout lorsqu'on ne sait pas à quoi l'employer.
— Chacun de nous ayant sa tâche préparée,
Personne n'a jamais le temps de s'ennuyer.
— La valeur des instants fait le prix de la vie ;
Quels sont encor les soins dont la vôtre est suivie?
— Il serait indiscret d'en faire le détail.
C'est selon les saisons : en hiver, le laitage;
En été, la campagne; et toujours le ménage,
Mais souvent un cantique abrège le travail.

— Dieu veuille les bénir, ces paisibles vallées !
Et rendre plus serein l'avenir menaçant.
— Que dites-vous, Monsieur ! reprit Sara, troublée;
Car il est quelquefois des malheurs qu'on pressent.
— Ah ! reprit l'étranger, il est des temps d'épreuve,
Où du zèle des siens Dieu demandant la preuve
Comme à travers le feu fait passer notre foi.
Mais je suis envoyé par un compatriote;
Et si, pour quelques jours, je dois être votre hôte,
Mon message bientôt en dira plus que moi.

Le jeune homme entre alors dans le calme ermitage
Du Pasteur, qui s'oublie auprès des malheureux.
Il entretient Sara de son récent voyage,
Et du vieux Janavel qui l'envoie en ces lieux.
— Janavel : ce héros !... Parlez-m'en, je vous prie;
Car je sais que jadis il sauva ma patrie
En détournant sur lui les coups qui nous frappaient :
Et que, dans une lutte à jamais admirée,
Sanglante, sans répit, presque désespérée,
De victoire en victoire il reconquit la paix.

— Ah ! quoique dans l'exil il est toujours le même;
Aux maux de ma patrie il sympathise aussi :
Car la France combat, souffre et gémit de même,
Sans pouvoir espérer de triompher ainsi.
— Quels sont donc les malheurs de votre destinée?

— Par de nombreux édits notre Eglise enchaînée
A vu s'évanouir toutes ses libertés.
Mon père était alors Pasteur dans les Cevennes;
Son zèle indépendant voulut briser ces chaînes,
Et bientôt il fut mis au rang des révoltés.

Son frère, plus craintif, s'étant fait catholique,
Fut ramené par lui dans les bras du Sauveur.
C'était être relaps. Au jour du viatique,
Il renvoya le Prêtre et garda le Pasteur.
— Laissez-moi le salut! c'est le seul bien que j'aie!...
A peine était-il mort qu'on traîna sur la claie
Au milieu des chemins son cadavre en lambeaux.
Puis, dans un carrefour, jeté sans sépulture
Il fut abandonné, pour servir de pâture
A l'insulte publique, à la faim des corbeaux.

Tous nos biens confisqués furent mis aux enchères;
Nos temples abattus, notre culte aboli,
Les derniers survivants condamnés aux galères;
Seuls (ma mère était morte en me donnant à lui)
Mon père et moi, plus forts devant plus de souffrance,
Nous parvînmes enfin à sortir de la France,
Demandant un abri comme des orphelins.
Mais, loin du ciel natal, que la vie est amère!
— Oh! n'avoir pas de sœur, et n'avoir plus de mère:
Pauvre jeune homme! dit Sara : que je vous plains!

Mais comment Janavel a-t-il pu vous connaître?
Dans quel but aujourd'hui venez-vous de sa part?
— Rapprochés par l'exil, nos cœurs sentirent naître
Le besoin d'être unis : moi, jeune et lui, vieillard.
La sympathie est prompte à naître dans les âmes
Qu'une commune foi pénètre de ses flammes,
Que la patrie absente éprend du même amour;
Pour l'amour et le ciel les âmes n'ont point d'âge,
Et lorsqu'on a souffert on aime davantage;
Lorsqu'on aime une fois l'on doit aimer toujours.

— Sara baisse les yeux. — Nous étions à Genève.
« Fonfrède, me dit-il, l'horizon s'obscurcit;
» Va sauver ma patrie où l'orage se lève,
» Porte-lui les conseils du cœur qui bat ici. »
— Sa main tremblante, alors me laissa cette lettre,
Qu'à votre père seul j'ai charge de remettre,
Comme étant à la fois l'ami de Janavel,
Et le modérateur de vos chères Eglises,
Pour lesquelles sans doute il craint quelques surprises :
Car tout semble fléchir sous un sceptre cruel.

— Il est vrai, dit Sara, les terribles atteintes,
Les coups multipliés que la vôtre a soufferts
Semblent à notre égard justifier ces craintes.
— Nos cœurs, en holocauste, à Dieu se sont offerts!
Répondit simplement l'exilé, d'un ton ferme.

— Le retour du Pasteur alors vint mettre un terme,
A ces épanchements des deux jeunes Chrétiens;
Et, seul avec Arnaud dont il suit la pensée,
Le fidèle envoyé, malgré l'heure avancée,
Complète son message en de longs entretiens.

FIN DU PREMIER CHANT.

CHANT SECOND.

JANAVEL.

O mystère des nuits ! profondeur large et sombre
Qui sembles renfermer l'infini dans ton ombre,
Et qui revêts d'un corps ce qui n'existe pas,
En créant mille objets de crainte sous nos pas :
Si le bonheur caché te doit plus de délices,
A la douleur aussi tu donnes des complices,
Et les pressentiments que combat la raison
S'agrandissent au sein de ton vaste horizon.

Seul, avec l'envoyé reçu dans sa demeure,
Des graves entretiens Arnaud prolonge l'heure.

— Ami de Janavel, dites-moi, que fait-il ?
Comment se sont passés les jours de son exil ?
Banni depuis trente ans du lieu de sa naissance,
Il a dû trouver lourd le poids de l'existence.
— Hélas ! dit l'étranger, bien des infirmités
Ont joint leur amertume à ces calamités ;
Ses cheveux ont blanchi, sa taille s'est courbée.

Un bâton lui sied mieux aujourd'hui qu'une épée;
Mais, toujours plein de feu, l'héroïque vieillard,
Sous des sourcils d'ébène abrite son regard;
Et lorsqu'un voyageur lui parle des vallées,
Les flammes de ses yeux de larmes sont voilées.
— Ne vous a-t-il rien dit qu'il ne m'écrive pas?
— Lorsque je dus partir, il me tendit les bras :
« Pour mes concitoyens, oh! que je vous embrasse!
» Allez les voir pour moi, les bénir à ma place,
» Et prier le Seigneur que dans les mauvais jours
» Son esprit tout puissant les dirige toujours. »
— Que ne peut-il encor diriger sa patrie,
Où comme d'un Sauveur sa mémoire est chérie.
— Autant qu'il est en lui du fond de son exil,
Il voudrait vous armer contre un nouveau péril.
— Ah! pour un tel sujet faut-il qu'il nous écrive! —
« Ayez en bonne part cette courte missive,
» Ne pouvant de mon bras vous servir aujourd'hui,
» Je voudrais vous donner mes conseils pour appui.
» Etant plus éloigné, je juge mieux des choses;
» Et je vois arriver les effets par les causes.
» Louis XIV, vient de révoquer l'édit
» Qu'à Nantes, pour la paix (*), Henri IV rendit;
» On craint qu'une récente et fatale alliance
» N'entraîne le Piémont sur les pas de la France.
» Le grand roi, disons mieux : le grand persécuteur,

(*) L'édit de Nantes fut primitivement appelé, *édit de pacification*.

» Des volontés de Rome est l'humble exécuteur.
» Puisse-t-il oublier ceux qui vivent tranquilles!
» Mais une haine avide a flairé votre asile:
» On parle vaguement de frapper un grand coup,
» Pour vous anéantir, s'il se peut, tout à coup.
» Défiez-vous de ceux que l'injustice honore!
» Si la guerre venait à s'allumer encore,
» Sur la Bible, d'abord, jurez de vivre unis;
» Choisissez-vous des chefs et soyez-leur soumis;
» Retranchez-vous ensemble en de hautes retraites,
» D'où vous puissiez sortir par des routes secrètes.
» Que jamais les Pasteurs ne quittent leurs troupeaux;
» Découvrez, en partant, les toits de vos hameaux,
» Afin que l'ennemi n'y trouve point d'asile.
» Ne laissez, après vous, rien qui lui soit utile;
» Point d'armes dont surtout il puisse s'emparer.
» Point de provisions qu'il vienne capturer;
» Point de pont sur les eaux, qui serve à le conduire.
» Puis, qu'en groupes armés le peuple se retire;
» Sur des points culminants d'où l'on puisse à la fois
» Rentrer dans les vallons, par différents endroits.
» Le soir et le matin, qu'on fasse des prières;
» Joignez à vos fusils des frondes et des pierres;
» Que rien ne vous arrête en un combat pressant:
» Mais, après la bataille, ayez horreur du sang;
» Et surtout, que jamais rien ne vous désunisse,
» Quelle qu'en soit l'issue, ou contraire ou propice.
» Si de pareils malheurs peuvent se prévenir,

» Que ma lettre vous soit un simple souvenir!
» Les motifs qui me font vous parler de la sorte,
» Vous seront expliqués par celui qui la porte.

Ce qui se passe ailleurs, ajouta l'étranger,
Nous pousse à redouter de semblables dangers,
Sans être néamoins une preuve assurée,
Qu'ils soient prêts à sévir sur ces belles contrées;
Car, pour frapper en nous, le Christ qui nous soutient,
Il n'est heureusement que le Roi très-chrétien.
—Comment Dieu souffre-t-il cet homme impitoyable?
—Dieu permet les tyrans, comme il permet le diable:
Pour nous fortifier contre l'iniquité,
Et retremper notre âme à plus de fermeté.
C'est ainsi qu'autrefois, Janavel qui m'envoie,
Luttant contre le Pape et le Duc de Savoie,
Déploya, m'a-t-on dit, une telle valeur,
Qu'il changeait, en succès, chaque nouveau malheur.
Quoiqu'en traits généraux je connaisse sa gloire,
J'ignore ses exploits; contez-moi son histoire;
Il n'a jamais voulu m'en faire le récit.
Comment vous sauva-t-il; comment fut-il proscrit?

—De ces évènements ma voix peut vous instruire.
Un terrible pouvoir, créé pour nous détruire (*),

(*) C'était une société nommée vulgairement *La Propagande*; mais dont le titre exact était : *Societas de propaganda fide et extirpandis hæreticis*.

Dès longtemps, dans son cœur, préparait nos tombeaux;
Et, rodant comme un tigre autour de nos troupeaux,
Cherchait l'heure propice à sa soif sanguinaire.
Le marquis de Pianesse, un des chefs ordinaires
De ses conseils de mort, y prépara la cour.
L'armée y fut bientôt préparée à son tour.
Des hordes d'Irlandais, que la guerre civile
Avait, jusqu'en Piémont, chassés loin de leur île,
Apportaient avec eux des titres éclatants,
S'étant déjà baignés au sang des Protestants.
Ils furent accueillis par l'Eglise romaine
Qui, du peuple Vaudois, leur promit le domaine.

La fille d'Henri IV, était tutrice alors,
D'Emmanuel, débile et d'esprit et de corps;
Mais, plus une âme est faible et plus elle est cruelle:
Christine, doublement: Rome régnait sur elle (*),
Le féroce marquis put agir sur le champ;
C'était presque un Légat, tant il était méchant (**)!
Dans la haine et l'orgueil son âme fut trempée;
Il faisait de la croix le manche d'une épée;

(*) Christine, fille de Henri IV et de Marie de Médicis, veuve de Victor-Amédée I., tutrice de Ch. Emmanuel II, son fils, et régente de ses Etats.

(**) L'un des plus cruels persécuteurs des Vaudois avait été Albert Cattanée, Légat d'Innocent VIII.

Et, comme Jules II, excitant ses soldats,
Au nom d'un Dieu d'amour il prêchait les combats.

Sous couleur d'établir garnison aux vallées,
De ses troupes bientôt elles furent peuplées.
Au signal qui partit du château de La Tour
Le massacre, en fureur, s'étendit à l'entour;
Et, comme l'incendie, en sa course éperdue,
Acquérant plus de force avec plus d'étendue,
Debout sur des débris, s'excitant en tous lieux,
Des horreurs de la terre épouvanta les cieux.

Nos malheureux vallons n'étaient plus qu'une plaie;
Le sang en découlait, comme l'eau d'une claie;
Des enfants écrasés, des hommes brûlés vifs,
Empalés à des pieux, suspendus à des ifs,
Enterrés tout vivants, déchirés aux tenailles,
Ou liés deux à deux de leurs propres entrailles;
Des femmes, qui cent fois éprouvèrent la mort,
Sous des mains sans pudeur, sans pitié ni remords...
Ah! rien ne peut venger de semblables outrages!
Mais des grands désespoirs naissent les grands courages;
C'est souvent le malheur qui produit les héros.
En simples ennemis transformant nos bourreaux,
Janavel, que leur rage élève loin d'abattre,
Au lieu d'exterminer, les force de combattre;

Résiste le premier à leurs sanglants exploits;
Des hauteurs de Rora, les repousse trois fois;
Les attaque à son tour; les poursuit dans la plaine.
Après quoi, s'adjoignant un autre capitaine,
Jahier, qu'ont suscité les mêmes agresseurs,
Rallie autour de lui nos derniers défenseurs;
Par son activité double leur énergie;
A l'abri de son bras chacun se réfugie;
Et, sur ces maux affreux, suspendant l'avenir,
Il laisse aux Rois émus le temps d'intervenir (*).

Le nom de Janavel devient une victoire;
La terreur suit partout son glaive expiatoire.
Mais Jahier est bientôt tué par trahison;
De Janavel lui-même on surprend la maison.
Aux mains des ennemis ses filles et sa femme
Doivent, s'il ne se rend, expirer dans les flammes.
« C'est Dieu seul, répond-t-il, qui fait vivre ou mourir;
» Plus grands sont nos devoirs, moins on doit les trahir.
Un pouvoir étranger à ces alternatives
Vint en sauver son cœur en sauvant les captives;

(*) Presque toutes les puissances de l'Europe adressèrent alors, par écrit ou par ambassadeurs, des représentations à la cour de Savoie, au sujet de ces événements, qui eurent lieu en 1655.

Et ses concitoyens qu'il avait défendus,
Par un traité de paix, se virent maintenus (*).

Mais tout grand homme pèse à des hommes vulgaires.
Mille envieux, s'étant joints à ses adversaires,
Il fut, comme Léger (**), en butte aux oppresseurs,
Et banni de ces lieux... mais non pas de nos cœurs!
— Le Pasteur soupira. — Telle est sa noble vie;
D'un plus rigide honneur, nulle ne fut suivie.
— Sur le sol de l'exil, ajouta l'étranger,
Elle s'écoule en paix, ou du moins sans danger.
— Mais il est dur de voir qu'on l'y prise et l'honore,
Plus qu'au pays qu'il aime et qu'il illustre encore.
— Ah! les Vaudois, pour lui, ne sont point oublieux!
— Non; car pour être ingrats, ils sont trop malheureux
— En quoi donc? — Ce traité, dernier fruit de sa gloire,
Ne devint, après lui, qu'un titre dérisoire.
On devait démolir le château de La Tour,
Qui, plus haut que jamais, dresse aujourd'hui ses tours;
On a mis au fourreau le glaive des batailles :
Mais le poignard nous suit jusques dans nos murailles
Nous livrant sans défense à d'obscurs attentats;
Pour peupler les prisons ou dépeupler l'Etat.

(*) Ce traité fut signé à Pignerol, le 18 d'août 1655, sous le nom de *Patentes de Grâce*. — Voir *Histoire complète des Vaudois*, l'*Israel des Alpes*, etc.

(**) Un des historiens Vaudois. Il fut banni de sa patrie en 1661.

Les guerres du clergé sont de cruelles guerres!
Le pillage du fisc vaut celui des sicaires;
Et, dans les maux qu'ils font, plus ténébreusement,
Quelques inquisiteurs valent un régiment.
Nos enfants pervertis, nos malheureuses filles
Vont apprendre, au couvent, à haïr leurs familles.
Les uns, de mains en mains, trafiqués et vendus,
Dans un sort ignoré, sont aujourd'hui perdus.
D'autres, par un faux zèle, enlevés à leurs mères,
Gémissent, ou sont morts, au fond des monastères;
Et de tous les malheurs que l'on croyait finis,
La coupe a débordé des pères sur les fils.
Enfin, pour mettre un terme à ces flots d'injustice,
De nouveaux envoyés survinrent de la Suisse (*).
De pénibles débats s'ouvrirent à Turin (**).
L'aspect de nos malheurs toucha le Souverain;
Et depuis quelque temps nous vivions plus tranquilles,
Trop heureux qu'on parut oublier notre asile,
Lorsque vous avez fait renaître, en un moment,
Nos appréhensions de bouleversement.

— Le tableau du passé vous préoccupe encore,
Et la crainte exagère un péril qu'elle ignore.

(*) La relation de cette ambassade, a été publiée dans la *Revue Suisse*, tome III, p. 260.

(**) Ces Conférences se tinrent à l'Hôtel-de-Ville; elles s'ouvrirent le 17 décembre 1663. La relation en a été imprimée en 1664.

Peut-être l'avenir sera-t-il plus heureux.
— Puisse-t-il seulement être moins rigoureux!
— De la main du Seigneur, tout nous est profitable;
Il peut tirer le bien d'un mal inévitable.
— Oui : reprit le Pasteur; espérons un beau jour :
Ne dût-il se lever qu'au céleste séjour!

FIN DU DEUXIÈME CHANT.

CHANT TROISIÈME.

ARNAUD CHEZ SES AMIS.

Avant que les rayons d'une nouvelle aurore
Eussent fait naître l'ombre, à l'éclat du soleil,
Pendant que l'étranger se reposait encore
Dans sa couche attiédie aux douceurs du sommeil,
Le pasteur soucieux avait quitté la sienne.
— J'ai besoin, se dit-il, des conseils d'un ami;
Et ce n'est pas à moi de rester endormi.
Qu'un jugement plus mûr m'éclaire et me soutienne!
Lorsque l'incertitude amplifie un danger,
On le craint d'autant plus qu'on en peut moins juger.

— Vive comme un oiseau, fraîche comme une rose,
La petite Suzanne alors sortait du lit.
D'une douce gaîté son cœur était rempli;
Elle semblait vouloir sourire à toute chose.
Apercevant son père et lui sautant au cou;

— Vous êtes aujourd'hui bien matineux! dit-elle,
A peine ai-je entendu le chant de l'hirondelle,
Vous voilà déjà près d'aller je ne sais où.
— A notre nid, bientôt, je reviendrai comme elle,
— Au moins si vous vouliez m'amener avec vous?

— Je vais chez Rostagnol; c'est un peu loin, ma fille.
— Une heure! ce n'est rien, pour ne pas s'éloigner
D'un père que l'on aime. — Et pour voir la famille
D'une petite amie! — Ah! laissez-vous gagner!
Que j'aurais de plaisir à vous accompagner.
— Dites plutôt, friponne, à faire ce voyage.
— Ah! lorsqu'on est heureux on est aussi plus sage!
Ne le serai-je pas entre Nélie et vous?
Elle apporte toujours, lorsqu'elle vient chez nous,
Les plus rares primeurs de tout le voisinage.

Nous-mêmes, cher papa, n'aurions-nous pas aussi
Quelque agréable chose à lui porter d'ici?
Ah! ne me dites rien ; il me vient une idée;
Deux couples de pigeons!... Je cours au colombier;
Ils seront, à l'instant, dans un petit panier;
Vous en serez charmé, j'en suis persuadée!
Je ne fais, au retour, qu'ôter mon tablier,
Passer une autre jupe et prendre mon collier.
Je ne vous ferai pas tarder d'une minute!
Lorsque la chose est dite, il faut qu'on l'exécute.

Et, sans attendre un mot qui pourrait l'arrêter,
La sémillante enfant fuit comme l'alouette;
S'élance au colombier; rentre dans sa chambrette
Avec les pigeonneaux qu'elle vient d'emporter;
Improvise, en chantant, sa petite toilette :
Toujours un pied en l'air : en s'écriant parfois,
D'un accent vif et gai, pour retenir son père :
— Etes-vous encor là? Ne partez pas sans moi!
Vous ne vous plaindrez pas de ma lenteur, j'espère;
Je vais vous arriver aussitôt que ma voix.

— Eh bien! dépêchez-vous, ma petite mésange,
Ou gazouillez moins fort la chanson du réveil.
— Me voici! lui dit-elle. Et, comme un de ces anges
Que l'on peint, au sortir des célestes phalanges,
Descendant au milieu d'un rayon de soleil :
Au moment qu'elle ouvrit la porte de sa chambre
Où le jour matinal prodiguait sa clarté,
On la vit blanche et rose, enfantine beauté,
Descendre dans les flots d'un long sillage d'ambre
Avec autant d'éclat que de rapidité.

Les voilà, traversant une côte boisée,
Elle vive et joyeuse, et lui grave et pensif;
L'enfant parle aux oiseaux, aux fleurs, à la rosée;
L'homme, pour qui la vie est déjà moins aisée,
Fixe sur l'avenir un œil méditatif.

Ils arrivent ainsi devant l'humble chaumière
Qu'habite Rostagnol; vrai bijou de fermière :
Petite maison blanche aux entours verdoyants;
Un verger, un jardin, des prés clos de ramière,
Sur la porte une vigne en festons ondoyants.

Le génie attentif de ce modeste asile
Avait su réunir l'agréable à l'utile.
L'agréable, à vrai dire, est fort utile aussi;
Que serait une vie où rien ne pourrait plaire?
Est-ce à dire que rien ne doive être un souci?
Rostagnol, mieux qu'un autre, avait su le contraire.
A force de travail il était parvenu
A recueillir les fruits d'un petit revenu;
D'abord garçon de ferme et puis fermier lui-même,
Enfin propriétaire au village qu'il aime :

Il avait, comme maître et comme serviteur,
Suivi tous les degrés du sort d'agriculteur.
C'était un beau vieillard, à figure pensive,
Aux traits mâles et doux, aux cheveux blancs et fins;
Il parlait rarement, mais sa voix expressive,
Pleine d'autorité, calme et persuasive,
Était le conseiller de ses nombreux voisins.
— Que le ciel vous bénisse en vos calmes destins,
Et les prolonge encor pendant bien des années,
Qui soient de ses bienfaits chaque jour couronnées!

Lui dit le bon pasteur.—Merci! tout vient de Dieu;
Et pour vous, de grand cœur, je fais le même vœu.
— Avec l'appui du ciel l'on peut tout se promettre!
Voyez ce que me dit Janavel dans sa lettre.
Ses conseils sont d'un brave ainsi que d'un chrétien,
Et son expérience est d'un grand citoyen.
— Rostagnol prit l'écrit et le lut sans rien dire;
S'arrêtant quelquefois pour le mieux méditer :
Ou, comme s'il avait quelque chose à relire,
Le reprenant au point qu'il venait de quitter.

Enfin, rendant le pli : — Janavel s'exagère
Les motifs d'une crainte où son cœur bat pour nous;
Il a quitté ces lieux dans le temps de la guerre,
Et nous croit, comme alors, exposés à ses coups.
Mais on en a trop vu les effets déplorables
Pour la laisser renaître à des causes semblables.
D'où que vienne un malheur il est toujours fatal;
En est-il de plus grand que la guerre intestine?
Quel que soit le parti qui s'élève ou décline,
N'est-ce pas sur l'état que tombe tout le mal?

La couronne d'ailleurs n'est plus inféodée
Au parti clérical de Charle Emmanuel;
Et les premiers édits de Victor Amédée
Ne nous l'ont fait connaître injuste ni cruel.
Bien loin qu'à nos dépens il flatte le Saint-Siège,

Il a ratifié deux fois nos privilèges. —
Non certes que cela ne nous ait rien coûté,
Pour enregistrement, droit de sceaux, écritures,
Timbres... et cœtera ; mais, dans ces conjonctures,
C'était déjà beaucoup de se voir écouté.

La justice, pour nous, était presque une grâce!
Et les Vaudois se sont montrés reconnaissants;
Ils ont, à Mondovi, sur une populace
Que la révolte armait contre ses droits récents,
Raffermi sa puissance en exposant leur vie.
Aurions nous à la craindre après l'avoir servie?
— Je ne le pense pas, répondit le pasteur,
Si le duc était libre, au sein de sa puissance,
De céder comme nous à la reconnaissance;
Mais on ne peut toujours obéir à son cœur,

Le sceptre est quelquefois un joug bien tyrannique;
En gagnant le pouvoir, on perd la liberté.
Avec Louis XIV, il faudra qu'il s'explique;
Vous savez leur accord : ce n'est là qu'un traité
De haute-main pour l'un, de servage pour l'autre.
Si le vœu d'un ami s'identifie au nôtre,
Que sera-ce de ceux d'un puissant allié
Qui, pour ses alentours, les change en servitude?
Ah! quand notre intérêt gagne à l'ingratitude,
Celui des pauvres gens est bientôt oublié.

— Oui; mais Louis XIV, au lieu d'être contraire
Aux intérêts vaudois, s'est fait leur défenseur.
Lorsqu'on nous réclamait tous les frais de la guerre
Que nous fit la régente, en son règne oppresseur,
Et qu'on voulait ainsi, pour combler nos détresses,
Nous ruiner, après nous avoir mis en pièces,
En forçant la victime à solder ses bourreaux :
Entre un prince et son peuple il fallait un arbitre
Qui pût s'interposer avec un plus haut titre
Pour tenir des deux parts les glaives aux fourreaux.

— Un arbitre honorable entre les deux parties :
Assez impartial pour se faire accepter,
Assez fort pour se faire au besoin respecter.
— Louis XIV offrait toutes ces garanties;
Il prit notre défense et rétablit la paix
Qui nous a jusqu'ici conservé ses bienfaits..
Contre elle maintenant que voulez-vous qu'il fasse?
— Les choses depuis lors ont bien changé de face!
Janavel, mieux placé que nous pour en juger,
Ne s'exagère pas, j'en suis sûr, le danger.

D'ailleurs, vous le savez, j'ai des parents en France;
Ils m'écrivent souvent, et j'ai pu suivre ainsi
Les progrès du papisme et de l'intolérance.
Au temps dont vous parlez les huguenots aussi,
Sous la protection de leur édit de Nantes,

Jouissaient du repos que nous goutions ici.
Plusieurs même occupaient des places éminentes,
Et le goût des plaisirs, l'orgueil, l'ambition,
Les préparaient sans doute à l'abjuration.
La cour, plus que jamais, fut pour eux prévenante.

Elle conquit ainsi les Rohan, les Bouillon,
Les princes de Condé, les ducs de Châtillon,
La Trémouille, Morny, Turennes, Lesdiguières :
Mille gloires encor civiles ou guerrières.
Lorsque l'on eut les chefs du parti protestant,
On changea de tactique, et la cour fut fermée
A tous les défenseurs de la foi réformée,
Leur église, humble et pauvre, ainsi qu'aux premiers temps
Vit, relégué dans l'ombre où le fisc le dépeuple,
Le parti protestant rester celui du peuple.

Les grands noms qui pouvaient encor s'y rallier
Furent désanoblis : sans perdre leur noblesse;
Chacun d'eux, par le roi déclaré roturier,
N'en était que plus noble étant pur de bassesse.
Esclave de l'Eglise ainsi que du péché
Le monarque, voulant les servir l'un et l'autre,
Se montra chaque jour, contre nous et les nôtres,
D'autant plus rigoureux qu'il fut plus relâché.
L'accès des hauts emplois, puis des moindres salaires,
Fut successivement interdit à nos frères.

On leur ferma bientôt jusqu'aux professions,
Les plus libres partout et les moins libérales;
De là des cruautés et des vexations,
Qui devenaient aussi toujours plus générales.
Enfin, nous avons eu la Révocation.
— Oui, reprit Rostagnol, une marche semblable
N'est pas pour s'arrêter aux confins de l'Etat;
Mais avant d'en venir à de tels attentats,
Dont les suites pour nous seraient incalculables,
Le duc en peut aussi craindre les résultats.

Ce ne serait pas moins que la guerre civile!
— Ah! l'on peut hésiter; et sans doute en son cœur
Il est loin d'approuver une telle rigueur;
Mais dans l'incertitude on n'est pas plus tranquille.
De ce qu'il craint pour nous Janavel est-il sûr?
Cependant il nous dit: tenez-vous sur vos gardes!
— C'est pour nous prévenir qu'un ami se hasarde
A venir jusqu'à nous par des chemins peu sûrs.
— Avoir eu cet avis, et rester sans rien faire,
Serait rendre inutile un conseil salutaire.

— Nous avons dans nos monts le meilleur boulevard
Et dans notre bon droit la plus sûre défense.
— D'autant moins devons-nous la remettre au hasard.
— Le hasard ne peut rien devant la Providence.
— Dieu ne commande pas de manquer de prudence,

Ni d'accepter un mal que l'on peut prévenir.
— Les avertissements qu'il nous fait parvenir
Semblent de son appui nous assurer d'avance.
— Mais l'appui du Seigneur ne nous dégage pas
Des soins que le devoir nous impose ici-bas.

— Nous ne pouvons pourtant rien décider encore
Sur ces grands intérêts que notre peuple ignore. —
Puisqu'ils nous touchent tous, tous en doivent juger :
Ou du moins, la plupart de ceux que l'on honore
De plus de confiance au moment du danger.
— Il conviendrait surtout d'étudier d'avance
Quels sont, ici, les points d'attaque et de défense
— Nul de nous ne doit donc y rester étranger;
Et puisque dans la lutte il faut que tous se trouvent,
Nous devons faire ensemble un plan que tous approuvent.

— Réunissons-nous donc en un conseil commun.
— Oui : mais où lui trouver un local opportun?
— Vous savez, dit Arnaud, qu'à l'Alp (*) de la Vachère,
Mon service m'appelle au milieu de l'été;
En y réunissant notre conseil de guerre

(*) On nomme *un Alp*, dans les Alpes, toute station de bergerie temporaire, où les troupeaux ne séjournent que pendant la belle saison.

Ce concours aura l'air d'être moins concerté.
— C'est bien! dit Rostagnol; mais il faudra s'y rendre
Par différents chemins, pour ne pas éveiller
De soupçons sur nos pas. — C'est fort bien conseiller;
Prévenez vos amis! — Vous pouvez les attendre.

Pendant cet entretien les enfants s'amusaient
A jouer à cachette au milieu de la ferme. —
Autres conseils! — Dans tout ce qu'elles proposaient
Quelques nouveaux plaisirs étaient toujours en germe.
Elles paraient alors de rubans et de fleurs,
Comme des fiancés, le jour qu'on les marie,
Deux beaux petits agneaux, gais et cabrioleurs.
Puis elles leur disaient avec coquetterie :
— Donnez-vous un baiser; soyez galants, petits!
Faites la révérence, et montrez-vous gentils.

Après quoi, les prenant par leurs petites pattes,
Chacune d'un côté, pour qu'ils se tinssent droits,
Elles les entraînaient dans leur ronde, à la hâte,
En chantant de tout cœur et de toute leur voix :
« De quel pays viens-tu, rossignolet des bois? »
Et puis, sans s'informer si le bal leur agrée :
— Faisons-leur maintenant danser une bourrée!
Mais les petits agneaux, s'échappant de leurs mains,
Regagnaient les bosquets, d'une course effarée,
Semant rubans et fleurs à travers les chemins.

— Il faut partir, ma fille ; embrasse ton amie !
Dit Arnaud, revenu près d'elle et de Nélie.
Ton panier te sera plus léger à présent.
— Au contraire, papa ! c'est qu'il est plus pesant ;
Voyez donc ! le voilà tout rempli de cerises.
Merci, chère Néli ! Mais, où les as-tu prises ?
Les nôtres sont à peine au sortir de la fleur ;
Et vos arbres pourtant n'ont pas plus de chaleur.
— Je te dirai cela ; viens, que je te ramène ;
Et porte le panier jusqu'au bout du domaine.

Adieu ! — Jusqu'au revoir ! — Songez à revenir !
Avant de regagner son humble presbytère
Le ministre Vaudois voulut s'entretenir
Avec un conseiller, d'un autre caractère,
Qui souvent, disait-on, pressentait l'avenir ;
Esprit moins positif, plus élevé peut-être
Que celui du vieillard qu'il venait de quitter :
Se cachant comme lui dans un séjour champêtre
Où sa mélancolie aimait à méditer :
Mais tel que pour l'y joindre il fallait le connaître.

Ayant dès son enfance été contemplatif,
Il semblait dédaigner les choses de la vie ;
Le veuvage récent de sa fille Hélovie
L'avait rendu plus triste et plus méditatif.
Une petite fille, au-dessus de son âge,

Séphora, seule enfant que son fils eût laissé,
Supportait tout le poids des soucis du ménage;
Travail et bonne grâce étaient son apanage;
Et le grand'père, heureux de se voir remplacé,
Lui devait les loisirs de son âge avancé. —

En fait de bons conseils on ne peut trop s'instruire!
Se disait le pasteur, en s'approchant des lieux
Où vivait Avondès; et peut-être, à mes yeux,
Un rayon d'avenir par les siens viendra luire.
— Ah! voilà le secret de mes pressentiments!
S'écria le vieillard, lorsqu'il eut connaissance
De l'objet du message, et c'est la Providence
Qui m'avait envoyé ces avertissements.
— Lesquels? reprit Arnaud; la crainte ou l'espérance
Ne peuvent rien d'ailleurs sur les événements.

— Notre âme en est surprise ou peut s'y tenir prête.
Ecoutez : cette nuit je lisais un Prophète;
C'était Ezéchiel; et les desseins de Dieu
Me parurent d'avance inscrits au fond des cieux,
Se reflétant de là dans les choses humaines,
Comme le firmament sur des ondes sereines.
Puis, je vis nos hameaux, nos vignes, nos chemins,
Jonchés autour de moi de cadavres humains,
Comme, à la fauchaison, l'on voit dans les prairies
Les sentiers obstrués par des tiges flétries.

Puis, l'esprit du Seigneur, comme un souffle d'été
Qui fait repousser l'herbe avec rapidité,
Aux yeux de mon esprit passa sur la vallée
Qui de tous ses enfants fut soudain repeuplée.
Et, tombant à genoux, je me sentis pressé
D'épancher en prière une angoisse profonde,
Qui saisissait mon cœur, tristement oppressé,
Comme s'il eût porté tous les péchés du monde.
Et, lorsque j'eus prié, je me sentis plus fort ;
Mais sur nous cependant planait toujours la mort.

— Sans doute, à des revers nous devons nous attendre ;
Mais est-ce une raison pour ne pas nous défendre?
Un revers fait parfois éclater la valeur
Qui nous met tout-à-coup au-dessus du malheur.
Aussi longtemps qu'on peut en sortir avec gloire,
A de tels résultats ne pas se préparer
C'est vouloir abdiquer d'avance la victoire;
Et quand rien n'est perdu l'on peut tout espérer.
— L'avenir se dérobe à la sagesse humaine;
L'homme, dit Fénélon, s'agite et Dieu le mène;

— Oui, les rênes du temps sont dans les mains de Dieu;
Et les siècles rétifs bondissent sous sa verge;
Le char de l'avenir, qu'il dirige des cieux,
Tend vers un but auquel tous les âges convergent.
— Nos aïeux qui mettaient leur force en l'Éternel

Célébraient chaque année un jeûne sôlennel,
Afin de prévenir la suprême justice,
Qui ne trouverait rien d'inattaquable en nous,
Si l'expiation ne détournait ses coups.
Ah! prions-le de même afin qu'il nous bénisse!

Ninive, dans le deuil, trouva grâce à ses yeux.
Craignant tout de la terre attendons tout des cieux!
Qu'un jeûne solennel, dans l'Eglise vaudoise,
Rappelle sans retard nos tribus villageoises
A l'invocation de la Divinité,
Dont le bras fera grâce à notre humilité.
— C'est à nos agresseurs de craindre sa colère!
— Du péché, quel qu'il soit, la mort est le salaire;
Qui pourrait dire à Dieu : je ne suis pas pécheur?
Ah! pour être sauvés, implorons le Sauveur!

— Ce conseil fut suivi. Comme au temps des prophètes
On vit un peuple entier, debout pour adorer,
Faire d'un jour de deuil la plus auguste fête.
— L'ami de Rostagnol allait se retirer
Quand Séphora lui dit: — Ah! laissez-nous Suzanne!
Elle a si rarement charmé notre cabane
Qu'elle devrait rester deux fois plus parmi nous.
Le travail me sera plus facile et plus doux;
J'ai, dans cette maison, tant de choses à faire!...
— Si c'est pour vous aider... — C'est aussi pour me plaire.

Quand le bonheur nous vient il faut le retenir ;
On jouit du présent et non de l'avenir.
— Avondès s'étant joint à la voix de sa fille,
Suzanne, pour un jour, resta dans leur famille.
Arnaud s'en revint seul ; et rencontra plus loin
Deux chasseurs de chamois : Isnel avec Ardoin ;
L'un jeune et l'autre âgé, mais tous deux pleins de force,
Comme en donnent la vie et le travail réglés
A l'énergique sang dont ces lieux sont peuplés.
Telle une même sève a fait gonfler l'écorce

Du cep et du sarment qui rapprochent leur bois.
— Cheminant avec eux, mais distrait à leur voix,
Le ministre, occupé de ses secrètes peines,
Par quelques mots banals, leur répondait à peine.
— La chasse est un plaisir qui n'est pas sans danger.
— C'est bien vrai, dit Ardoin ; vous allez en juger.
Les chamois, comme nous, aiment la compagnie...
— Et vivent quelquefois en meilleure harmonie !
Fit Isnel, souriant de ce malin propos.
— Aussi vont-ils en troupe, ainsi que nos troupeaux.

Quand on connaît leur gîte, et c'est là ma partie,
On se met à l'affût vers leur point de sortie.
Je suis au poste ; Isnel va comme un loup cervier
Les prendre par derrière au sommet du glacier.
Les chamois effrayés s'élancent au passage

Qui reste seul ouvert à leur fuite sauvage,
Et viennent tous bondir au bout de nos fusils
Comme se disputant l'honneur d'être choisis.
— Est-ce là qu'un danger s'offre à votre courage?
— Oui; de leur corne aigue on peut être saisi

Et jeté sous leurs pieds, si ce n'est à l'abîme.
C'est lorsque le danger est le plus grand pour eux,
Lorsque le désespoir, la terreur les animent,
Que les chamois pour nous sont le plus dangereux.
Ce ne sont plus alors ces animaux peureux
Qu'on voit au moindre bruit voler de cîme en cîme :
Mais pleins de hardiesse ils se font agresseurs;
S'élancent tous ensemble au-devant du chasseur,
Et le précipitant à travers le barrage
Sur son corps déchiré fondent comme l'orage.

— On peut trouver la mort en de pareils plaisirs!
— Ne valent-ils pas mieux que d'inactifs loisirs,
Où nul but, dit Isnel, ne peut nous satisfaire?
— Toute vie a son but, repartit le Pasteur;
L'homme de bien aura toujours du bien à faire.
— Mais la gloire peut seule enflammer un grand cœur!
Qu'on me donne une tombe éclatante et précoce,
Plutôt que des destins obscurs et plus heureux.
— Prenez garde qu'un jour le Ciel ne vous exauce;
Dieu nous punit souvent en exauçant nos vœux.

Conversant de la sorte, à travers la montagne,
Les voyageurs s'étaient rapprochés du hameau.
Ils vont se séparer, au tournant de l'ormeau. —
Au revoir! dit Ardoin. — Que Dieu vous accompagne,
Et vous garde de mal! lui répondit Arnaud.
Puis, suivant du regard ces amis qui le quittent :
— Notre avenir repose en la main du Très-Haut!
Dit il, prêt à trahir les pensers qui l'agitent.
Et, plus rêveur qu'Isnel, il rentre sous son toit,
Où, bras et cœur ouverts, sa femme le reçoit.

De ses craintes pourtant il faut qu'il l'entretienne.
— Confions-nous en Dieu! dit l'épouse chrétienne;
Il sera plus puissant que nos persécuteurs.
David ne l'a-t-il pas annoncé dans ses psaumes?
— Je me confie en Dieu, mais je doute des hommes,
Surtout quand de ses lois ils sont les transgresseurs.
— Rénée, en lui parlant de paix et d'assurance,
Redoutait plus que lui l'avenir de souffrance,
Dont on entrevoyait les signes précurseurs;
Mais elle ne voulait parler que d'espérance.

— La prière et l'amour sont les portes des cieux;
Et l'on n'a rien à craindre alors qu'on est heureux.
— C'est au comble des maux qu'on n'a plus rien à craindre;
Mais tant que le malheur peut encor nous atteindre
Il faut se défier de la sécurité

Qui souvent nous prépare à plus d'adversité.
— Pourquoi de l'inconnu nous attrister d'avance?
C'est de Dieu que dépend toute notre existence;
Sous sa protection le juste ne craint rien,
Et s'il permet l'épreuve, elle est pour notre bien.

FIN DU CHANT TROISIÈME.

CHANT QUATRIÈME.

SUZANNE ET SÉPHORA.

(Travaux champêtres au printemps; mœurs des petits bergers.)

Pendant ce temps, Suzanne auprès de Séphora,
Sous le toit d'Avondès qu'un beau jour décora,
Prenait part aux travaux de son active amie :
Sylphide d'enjoûment, d'ordre et d'économie;
Dès l'enfance élevée avec des travailleurs,
Et presque leur compagne, elle savait d'ailleurs
Que l'œil du maître vaut le bras d'un domestique
Pour la prospérité d'un ménage rustique.

Aux vers à soie alors, tous ses soins sont donnés.
Ces êtres délicats encore emprisonnés
Dans une robe étroite, à chaque âge posée,
Comme font les enfants d'une tunique usée,
En devenant plus forts paraissent plus nombreux,
Et reclament des soins qui croissent avec eux.

L'art doit, pour protéger leurs larves exotiques,
Fixer dans nos maisons le climat des tropiques.
Séphora, pour juger de la chaleur de l'air,
Elève ses bras nus au dessus de sa tête.
Pour savoir si le ciel doit être sombre ou clair,
Si l'on est au beau fixe ou bien à la tempête,
Elle écoute la voix des oiseaux voyageurs;
Examine en passant près de la cressonnière
Les mouvements plus vifs des insectes nageurs,
Ou la mousse à filets sensible à la lumière.
Est-ce la sècheresse ou bien l'humidité
Qu'on désire connaître avec fidélité :
Consultez ce rameau d'où pend, en barbe grise,
Un lichen chevelu crépiné par la brise.
Ce lichen reste gris quand le temps est couvert;
Si l'air devient humide il vous paraîtra vert,
Tandis qu'il devient blanc en temps de sècheresse.

Autour des fileurs d'or Suzanne aussi s'empresse.
Ils ont changé d'habit pour la dernière fois;
Ils vont doubler encor de volume et de poids.
Heureux qui les verra monter sur les bruyères,
Vifs comme des oiseaux qui nichent aux ramières.

Déjà pour plus d'ouvrage il faut plus d'ouvriers.
Entendez-vous le chant des groupes d'effeuilleuses,

Dont l'ocelle pendue aux branches des mûriers
Reçoit la feuille fraîche; et sur les coudriers
Le cri-cri prolongé des cigales joyeuses?

Parmi nos gens aussi quelle douce gaîté!
L'exercice du corps leur donne la santé,
Et la santé la joie; on ne songe pas même
Qu'il soit des biens plus doux quand on a ceux qu'on aime.
Ils ont le pain du jour et c'est assez pour eux;
Peu de chose suffit à qui sait être heureux.

Là, bergers, laboureurs, domestiques champêtres,
Comme aux temps primitifs sont les égaux des maîtres;
Ils travaillent ensemble et mangent en commun,
Vivant chacun pour tous comme tous pour chacun.
Plusieurs d'entre eux sont nés dans le même village;
Ils sont amis d'enfance et compagnons d'ouvrage;
Ils ne connaissent pas ces rongements haineux
Que l'orgueil de ce monde impose aux envieux.
Dévoués par devoir à leur œuvre ordinaire
Ils servent en amis plutôt qu'en mercenaires,
Et vieillissent souvent auprès de leur patron
Comme étant jusqu'au bout des fils de la maison.
Par sa sagesse même et son expérience,
Plus d'un vieux serviteur devient sans qu'il y pense
L'oracle des moissons, le guide du bétail,
Le patriarche enfin de ces fils du travail.
Il règle leurs accords et juge de leurs plaintes.

Mais l'heure du repas appelle au même pain
Patrons et serviteurs, pris de la même faim.
Le gâteau de maïs, que l'on nomme poulainte,
Est servi devant eux sur un plateau de bois.
Le fromage et le lard s'y joignent quelquefois;
D'autrefois la gionka, sorte de crême épaisse
Que dans les plis d'un linge on suspend et l'on presse
Afin de lui donner la force du caillé.
A la chaleur du feu des marrons écaillés :
Quelques noix : et plus tard, au retour des alpages,
Le régal ménagé des précieux laitages.

Séphora doit pourvoir à toute la maison,
Voici des premiers foins la rapide saison.
Le soir et le matin sont près de se confondre.
Les prés qu'on va faucher, les moutons qu'on va tondre
Semblent vouloir livrer ensemble leur toison.
Bientôt, sur les pâtis, les enfants du village
Viendront donner carrière aux ébats de leur âge.
Tenant tous un bâton recourbé par le bout,
Divisés en deux camps, ils chassent une boule
A l'envi l'un vers l'autre : alors, gare les coups !
Mais aussi, quel plaisir de s'élancer en foule
Au devant d'un danger qui devient un plaisir.
Le globe vole, on court, chacun veut le saisir,
Et de l'ongle et du bec l'assaille à coups de crosse.
C'est le jeu des gandis, l'antique jeu du mail,

Que pratiquent encor les Highlanders d'Ecosse,
Faisant de sa fatigue un repos au travail.

Ah! plus on est actif, plus le temps passe vite;
D'un jour bien employé rien n'égale la fuite.
Le soir semble arriver avant qu'il soit midi.
— Voilà que nous n'avons encor presque rien dit
De tout ce qui pourrait nous rendre un peu rieuses :
Fit Suzanne, en passant auprès de Séphora.
— Les loisirs sont plus doux aux mains laborieuses;
Et l'heure du repos bientôt arrivera.

Déjà, sur l'horizon, les rapides lampyres
Des étoiles du soir se disputent l'empire (*).
Ces astres fugitifs, qui brillent sans brûler,
Et qui plus d'une fois sur la page furtive
Ont révélé l'aveu d'une lettre craintive,
Interprète des cœurs qui n'osaient se parler :
Comme des feux follets voltigent sur les branches.
Leur vol trace, dans l'air, des réseaux lumineux;
Et lorsqu'ils sont posés au milieu des pervenches,
Ils semblent, sur la terre, être un reflet des cieux;
Descendent-ils d'un arbre en neige d'étincelles,

(*) Une particularité propre aux paysages de la haute Italie, et qui caractérise particulièrement ceux des vallées vaudoises, résulte du grand nombre de *lucioles* ou *mouches luisantes* qu'on y trouve. Ces mouches, qui appartiennent au genre des *lampyres*, sont nommées dans le pays *luserniettes* : de *lucerna*, lumière.

C'est le scintillement des vives cascatelles
Dont la poussière humide, avant que de pleuvoir,
En mille diamants ouvre, au soleil, ses ailes.
Les lucioles d'or sont aux beautés du soir
Ce que sont au matin les feux de la rosée.

— D'où vient, dit Séphora, que ton frère Elysée
N'a pas accompagné ton père ce matin?
— Aurais-tu préféré que ce fut lui, ma chère,
Qui fut venu te voir? — Quel reproche enfantin!
Je m'intéresse à lui parce qu'il est ton frère.
— Il ne mérite pas cet aimable intérêt;
Il n'a jamais été plus sombre et plus distrait,
Et rien que de le voir la tristesse me gagne.
Il est presque toujours à courir la montagne,
Pour chasser, nous dit-il, les chamois ou les loups.
— Ne chasserait-il pas quelques objets plus doux?
— Que veux-tu dire? Hélas! il est toujours plus triste,
Et c'est auprès de nous à peine s'il existe;
Seul et silencieux il arrive le soir...
Mais à quoi penses-tu? dis! je veux le savoir.
— Comment te le dirai-je? A de pareils indices
Qui, sous plus de tourments, cachent plus de délices,
Je pense que ton frère est peut-être amoureux.
— Lorsque l'on n'aime pas on est bien plus heureux
Si l'amour à ce point ressemble à la tristesse.
— Si tu savais aussi qu'elle délicatesse
De tendres sentiments il offre en son bonheur,

Et combien nos soupirs lui doivent de douceur!
— Vraiment! le saurais-tu? Mais cela doit suffire;
Tu parais là-dessus mieux instruite que moi.
Voyez ce mauvais cœur qui garde tout pour soi!
Éh bien, causons un peu; je brûle de m'instruire.
— Je ne pourrai jamais te parler de cela.
— L'amitié cependant permet mieux de tout dire
Lorsqu'on ne peut se voir ni rougir ni sourire.
Peux-tu me rien cacher au point où nous voilà?
— Mais tu seras discrète, au moins? — Puisque je t'aime!
Je serai là-dessus comme un autre toi-même.
— La malice te vient plus souvent qu'à ton tour,
Suzanne, et je devrais me taire sans retour.
— Je t'en mets au défi!..— Tu le connais, sans doute?..
— Qui? — Mon cousin Daniel. — Certainement; c'est lui
Qui fut hier à la chasse avec mon frère. — Écoute,
Je veux à cœur ouvert t'en parler aujourd'hui.

Tu sais qu'au même lieu s'écoula notre enfance
Dans ces soins mutuels d'où naît la confiance;
Et qu'ensemble, jadis, nous gardions les troupeaux:
Lui, ceux de sa famille et moi, ceux de mon père.
La douce intimité d'une sœur et d'un frère
Nous suivait au pacage ainsi qu'en nos hameaux.
Que je l'aimais berger! et qu'il m'aimait bergère!
Le premier d'entre nous qui pouvait s'éveiller
Courait éveiller l'autre, avec autant de joie

Que le petit oiseau qui s'en vient gazouiller
Avant l'aube du jour, au bord de la charmoie
Où la dernière étoile est encore à briller.
M'avait-il devancée, il jouait de son fifre,
Sur lequel il avait entrelacé nos chiffres;
Et s'il dormait encor lorsque j'étais debout,
J'allais auprès de lui chanter : réveillez-vous!
Pour être plus hâtifs nous luttions de finesse.
Il avait un bélier, toujours très matinal,
Et s'attachait au bras, couché vers l'animal,
Le licou par lequel il le tenait en laisse.
Moi, j'avais un agneau qui bêlait pour têter
Avant qu'on eût souvent ouï le coq chanter.
C'était à qui des deux irait alors plus vite,
Afin de prévenir l'autre dans sa visite :
Et nous nous rencontrions quelquefois en chemin.
— N'étiez-vous pas tentés de prendre un peu la fuite?
— Non; mais en souriant nous nous tendions la main.

Quelquefois nous allions chercher de l'herbe fine
Pour la jeune brebis ou le mouton blessé;
Puis nous nous reposions au bord de la colline
Sur nos trousses de foin, lentement amassé.
Repos délicieux! Souvent, à la montée,
Il transportait ma charge à la sienne ajoutée;
Et puis, à la descente, il me faisait asseoir
Comme entre des coussins, sur l'odorante pile,

Et m'entraînait au bas, sur ce siège mobile
Qu'il tirait après lui comme un léger glissoir.
Alors, nous étendions cette herbe des montagnes
Sur les murs du jardin pour la faire sécher.
Quelquefois, au milieu des bois ou des campagnes,
En gardant nos troupeaux nous allions nous cacher.
— Trouver ce que l'on cherche est une découverte !
— Nulle n'était plus douce à nos cœurs pleins d'amour
Que de nous découvrir l'un l'autre tour à tour.
Et lorsque de ses foins la terre était couverte,
Comme nous prenions tous part à la fenaison;
Secouant au soleil l'odorante toison,
Nous la faisions voler jusques à nos figures
D'où ses flocons tombaient en neige de verdure,
Au milieu des parfums qui montaient du gazon.

C'est ainsi qu'élevés aux lieux que nous aimâmes
Nous faisions du travail naître encore des jeux.
O délices d'un âge où s'ignorent les âmes !...
Et lorsque tout enfants mais déjà tout heureux
De nous trouver ensemble, un beau jour nous restâmes
Eloignés à la fois de la ferme et des champs,
A bâtir une grange en petits cailloux blancs.
Nous avions attelé deux grillons à la flèche
D'une belle charrue, œuvre de grand savoir,
Dont les aîles étaient faites d'écorce sèche
Contournée au soleil en léger déversoir.

Daniel aiguillonnait avec une longue herbe;
Puis, venait la moisson, dont je liais les gerbes
Pour les mettre en gerbier et les battre le soir.
Au bout d'une heure ou deux elles étaient censées
Par la chaleur du jour suffisamment séchées;
J'en ouvrais le faisceau, bientôt épanoui,
Comme l'on fait du chanvre après l'avoir roui :
Et nous les étendions sur une large pierre,
Où des pointes d'osier, souples comme du lierre,
Nous servaient de fléaux pour battre leurs épis.
J'en vannais, dans mes mains, les graines à mesure;
Des coquilles de noix nous servaient de mesure;
Une feuille de drouve (*) était notre tapis.

En automne, en ces jours de bruine neigeuse
Qui tombe quelquefois du sommet des glaciers,
Nous allumions du feu sous une roche creuse :
Ou dans le tronc pourri de ces vieux châtaigniers
Évidés pour offrir une hutte cachée
Aux pâtres, près de qui la châtaigne séchée
De son écaille ouverte et toute en hérisson
Tombe comme une manne et s'offre à la cuisson.
— N'aviez-vous pas encor d'autres plaisirs? — Que sais-je!..
Vers la fin de l'hiver, quand il n'est plus de neige,

(*) Nom vulgaire du *rumex alpinus* : plante remarquable par des très-larges feuilles.

Que l'air est vif et sec, et qu'autour des buissons
D'inflammables gramens attendent l'étincelle
Qui les fait resplendir, comme l'eau qui ruisselle,
Vers le soir quelquefois nous y mettions le feu :
Tantôt comme un signal, tantôt par simple jeu :
Ou, sur le bord des champs pour féconder la terre,
En transformant la ronce en cendre nourricière.
— Quel attrait peut offrir un spectacle pareil?
— Oh! que c'était joli, si tu savais, Suzanne!
Quand on voyait le feu courir sur les lianes,
Ou s'élancer du roc, en mille jets vermeils,
Ainsi qu'une eau de source aux rayons du soleil;
Passer d'une herbe à l'autre en jetant des flammèches,
Comme des fleurs de pourpre au bout des tiges sèches;
Serpenter sur le sol ou monter vers le ciel,
S'arrondir quelquefois en brillant arc-en-ciel
Au souffle inattendu d'une brise légère;
D'un archipel de braise entrecouper la terre;
Se poursuivre, s'atteindre, augmenter de clarté,
Se diviser, combattre à coups de langue ardente,
De glaives flamboyants et des flèches stridentes,
Pour retomber bientôt en plus d'obscurité :
Nous nous réjouissions, en dansant sur le faîte,
Comme d'une bataille ou comme d'une fête,
A ce luxe inouï d'illumination
Que recevait alors notre habitation!
C'était à qui de nous activerait les flammes,
Ou franchirait d'un bond leurs frissonnantes lames

Avec plus de prestesse et d'intrépidité;
Enfin, tout nous était un prétexte à gaîté.

— N'avez-vous jamais eu, dans ces lointains parages
De fâcheuse rencontre ou des moments d'ennui?
— Je n'y pensais pas même étant auprès de lui.
Un jour, notre troupeau fut surpris par l'orage;
Nous nous pressâmes tous dans un antre sauvage.
La pluie était glacée et se changeait dans l'air
En un givre acéré, perçant comme des flèches.
Je me blotis au fond, sur quelques feuilles sèches,
Grelottante d'un froid qui me dardait la chair.
Daniel se dépouilla de son habit de bure,
L'étendit sur mes pieds, y coucha ses agneaux.
La montagne tremblait du bruit des grandes eaux;
La tempête semblait déchirer la nature;
Mais sa fureur enfin s'apaisa dans la nuit.
Les routes n'étaient plus que ravines affreuses;
Mon cousin fit brûler des branches résineuses,
Et jusque sous mon toit il me reconduisit.

Il tua deux chamois pour sa première chasse.
Plus tard, un loup cervier, étouffé dans ses bras,
Le laissa tout sanglant. comprends-tu cette audace?
Déchiré, mais vainqueur sur le lieu du combat.
— Je la comprends si peu, que tout en voulant croire,

Et sans te démentir, je doute de l'histoire.
— Rien n'est pourtant plus vrai, ma chère. — Mais comment
Saisir entre ses bras un lynx? Quelle pensée!
C'est un singulier choix pour un embrassement.
— Je te dirai comment la chose s'est passée :
Il avait fait un piège à prendre le renard;
Et quelques jours après, plutôt que de coutume
S'y rendant un matin, par un temps de brouillard,
A quatre pas de lui, sous ce voile de brume
Qu'éclaircissait à peine un rayon matinal,
Au milieu des rochers, il vit un animal
Tel que ceux dont son piège attendait la venue.
Il s'approche; et soudain, cette bête inconnue
Lui saute à la poitrine et veut le mordre au cou.
Daniel reconnaissant le lynx du premier coup,
Loin de le repousser (il eut couru le risque
D'une plus rude attaque), à l'étouffer se risque :
Et dans ses bras puissants il étreint tout à coup
Le monstre dont la gueule a dépassé sa tête,
Râle sur son épaule et mord à vide l'air.
Le lynx est loin pourtant d'être encor sa conquête!
De ses pieds de derrière, armés d'ongles de fer,
Il déchire, à grands coups de griffe, les entrailles
Et la cuisse et les flancs du chasseur résolu;
Cherchant à s'échapper des vivantes tenailles
Dans lesquelles toujours il était retenu;
S'agitant furieux, ainsi qu'un chat sauvage.
Mais, sans lacher sa proie et sans perdre courage,

Daniel se précipite au milieu du torrent
Avec son prisonnier, qu'il plonge dans le gouffre
Et retient sous les eaux, oubliant ce qu'il souffre (*).
Le loup cervier est mort, mais Daniel est mourant.
Il sort, tout épuisé, de l'onde que nuance
Son sang, et sur le bord tombe sans connaissance.
Des ouvriers passaient : on le porte chez lui.
Ah! que de soins alors pour lui sauver la vie!
Je ne puis sans angoisse y penser aujourd'hui.
Mais de sa guérison combien je fus ravie;
Auprès de nos parents que nous étions heureux!
Notre amour n'était plus un mystère pour eux;
Peut-être l'avaient-ils compris avant nous-mêmes :
Connaissant mieux que nous l'état de ceux qui s'aiment,
Puisqu'ils s'aimaient depuis bien plus longtemps que nous.

— Ne naissait-il jamais de froideurs entre vous?
— Oh! non pas des froideurs, mais bien des bouderies,
Et je croirais vraiment que nous nous aimions mieux
Après avoir été quelque peu malheureux.
— L'air est plus doux après quelques intempéries;
Et lorsqu'on a marché sur un chemin pierreux
Avec plus de plaisir on retrouve la mousse.

(*) Cette scène a eu lieu, dans les vallées vaudoises, en 1823.

— Un jour que je filais la laine la plus douce
Des moutons de son parc, il sculptait près de moi
Ce bel érable blanc, aux guirlandes précoces,
Dont on fait, tu le sais, les quenouilles de noces :
Le sceptre de l'épouse attentive à sa foi.
Mais dois-je rappeler de tels enfantillages?
Il ciselait, alors, sur ce bijou d'amour,
D'abord un nid d'oiseaux entouré de feuillages,
Puis une vigne en fruit serpentant à l'entour.
— A qui destinait-il ce chef-d'œuvre? —Ah! Suzanne,
Peux-tu le demander. — Je suis une profane,
Il est vrai! pouvait-il être à d'autre qu'à toi?
Mais tu prenais aussi plus d'intérêt que moi
Au travail de Daniel. — J'y regardais à peine,
Si ce n'est en cachette, avant qu'il l'eût repris,
Pour ne pas y paraître attacher trop de prix,
Mais assez, pour ne pas décourager sa peine
Qui puisait plus de force en des regards plus doux.
— Et dans ces entretiens de quoi vous parliez-vous?
— Nous ne nous disions pas un seul mot de tendresse :
Car il nous eût semblé l'amoindrir d'en parler;
Mais le temps s'enfuyait avec plus de vitesse
Que ne fait un parfum créé pour s'exhaler.

Un cœur rempli d'amour trouve à tout un langage!
Un dimanche, qu'assise à côté de Daniel,

Je lisais avec lui le simple rituel
De notre culte, ouvert au hasard de la page,
S'offrirent à nos yeux les lois du mariage.
Arrivés à ces mots : Si la Divinité
Vous appelle aux devoirs de la paternité...
Je sentis sur mes yeux passer comme un nuage,
Et jamais comme alors mon cœur n'a palpité.
Mes deux mains aussitôt se posant sur le livre
Voulurent empêcher ses regards de poursuivre;
Mais, se faisant un jeu de ma timidité,
D'un air malicieux il y porta les siennes
Afin d'en écarter en souriant les miennes.
Cela me fit pleurer. Sur son épaule alors
Je ne pus qu'abriter mon front plein de pensées,
Et nos mains un instant restèrent enlacées.
Il me prit un baiser dont je frémis encor.
— Bon! puisqu'il te l'a pris il faudra qu'il le rende.
— Tu plaisantes toujours. — C'est mon unique soin;
Je pourrai soupirer quand je serai plus grande.
— Aujourd'hui je suis seule. — Il faudra qu'il attende!
— Tout semble me manquer lorsque Daniel est loin;
Mais sous un jour nouveau tout renaît à sa vue.
— D'après ce que tu dis, la personne inconnue
Qu'aimerait Elysée, en nous en parlant moins,
Serait donc loin de lui? — Je le pense du moins.
— C'est un bien grand malheur si cela rend si triste.
— Au fond de tout amour sois sûre qu'il existe

Un bonheur non moins grand. — N'importe, j'aime mieux
N'avoir pas, chère amie, à courir cette chance.
— L'avenir de nos cœurs ne se sait pas d'avance;
Et quoique nous fassions leur sort dépend des cieux.

FIN DU QUATRIÈME CHANT.

CHANT CINQUIÈME.

LES RÉFUGIÉS FRANÇAIS.

(Récit d'événements antérieurs à la révocation de l'édit de Nantes.)

Les temples ne pouvaient contenir les fidèles
Qui du creux des vallons, du faîte des hauteurs,
Accouraient de partout à l'appel des Pasteurs,
Comme si l'Esprit saint leur eût donné des ailes,
Pour élever leur âme au pied de l'Eternel
Dans l'unanime élan d'un jeûne solennel.
Cette solennité, chaque année attendue,
Avait été hâtée alors d'une saison,
Crainte que l'avenir ne l'eût bientôt rendue
Plus difficile au sein d'un moins calme horizon,

On s'était réuni sous les vastes ombrages
Qu'élèvent, au-dessus du hameau des Copiers,
Les troncs majestueux de ces vieux châtaigniers,
Qui semblent étaler des arbres pour branchages.
L'auditoire rustique en groupes inégaux

Est autour du Pasteur rassemblé sur les pentes,
Où l'ombre et le soleil en longs réseaux serpentent,
Comme un ruissellement de la flamme et des eaux.
Derrière cette foule, en dehors des clôtures,
A travers les rameaux on voit quelques montures,

Dans le cercle restreint que leur font les licous,
Brouter en attendant le retour de leurs maîtres
Qui, venus de plus loin sous ces lambris champêtres,
Ont conduit leur famille à ce saint rendez-vous.
C'est enfin le concours de toute la vallée!
Là, Rénée absorbée en son recueillement,
Pour des êtres chéris oubliant l'assemblée,
Ecoute du Pasteur le grave enseignement.
Au milieu de la foule elle prie isolée;
Ses enfants font sa joie ainsi que son tourment.

Auprès d'elle Suzanne, avec l'insouciance
Et la mobilité de sa joyeuse enfance,
Ouvrant à tout zéphir les ailes de son cœur,
Aussi pure en ses ris que vive en sa candeur,
Petit lutin des bois à la mine éveillée,
En regardant le ciel ne voit que la feuillée,
Et n'entend que son père en voyant le Pasteur.
Parce qu'elle était gaie, on la croyait légère;
Mais à son doux sourire on devinait son cœur.
Sara, sa sœur aînée, était tout le contraire.

Réservée avec tact dans ses émotions
Plus son cœur était prompt aux agitations,
Plus elle s'attachait à paraître paisible,
Tellement que parfois on l'eût crue insensible.
Dérobant par instinct aux froideurs du dehors
De son être expansif les délicats trésors,
Elle paraissait fière et n'était que timide.
Mais pour le sacrifice et pour le dévoûment
Rien n'aurait égalé son héroïsme aimant;
D'affection surtout son âme était avide.

— Quand j'aime, disait-elle, ah! c'est jusqu'au trépas,
Et quand je veux haïr, eh bien! je ne puis pas. —
Ange que d'un cœur pur la flamme intime éclaire :
Il plaisait d'autant plus qu'il cherchait moins à plaire;
Et ses sentiments, même à qui les inspirait,
Se laissaient deviner plus qu'ils ne se montraient :
Par ces feux contenus, comme l'Etna, dirai-je,
Qui dérobe en plein jour ses ardeurs sous la neige,
Elle était de nature, on peut le pressentir,
A tout faire éprouver comme à tout ressentir.

Elysée était seul, appuyé contre un arbre,
Ayant et l'attitude et la mâle beauté
Que pour peindre un héros on eût donnée au marbre;
Il en a la pâleur et l'immobilité.
Ses regards sont fixés sur un point de la plaine,

Où s'élève isolée une hauteur lointaine,
Comme une pyramide au milieu des déserts.
C'est le roc de Cavour. Pourquoi, dans l'étendue,
Préoccupe-t-il seul sa paupière assidue?
Ah! souvent sur un point le cœur met l'univers.

Autour de lui bientôt les chants de l'assemblée,
De leur grave concert remplirent la vallée;
Et, pour chanter aussi, les enfants villageois,
Grossissaient les accents de leurs petites voix.

Seigneur, sous l'ombre de tes ailes,
Heureux qui peut se reposer!
Au pied de tes lois éternelles,
Les méchants viennent se briser.
Qui peut durer devant ta face,
Seigneur! si tu ne lui fais grâce?
Bénis, le peuple de ton choix!
Etends ta main dans les tempêtes,
Qui grondent déjà sur nos têtes!
La foudre obéit à ta voix;
Dieu Tout-Puissant, viens-nous en aide!
C'est à tes ordres que tout cède;
Protège-nous comme autrefois?

Cette hymne s'élevait, comme un parfum sonore,
Une fleur d'harmonie inconnue à l'aurore,
Du sein de l'assemblée à la Divinité,
Où doit s'épanouir toute l'humanité.

—L'amour est pour le cœur la vraie orthodoxie
Disait un des vieillards réunis en ce lieu;
Les dogmes et les rits ne sont rien sans la vie;
Et la vie est, en nous, par la grâce de Dieu.
Ainsi brille, au-dessus de tout culte qui passe,
Le salut par l'amour, et l'amour par la grâce!
— C'est que, chaque système a son écho dans l'art;
Chaque autel qu'on élève ouvre une perspective,
Et, sollicitant l'âme à de plus hautes rives,
Découvre un coin du ciel plus vaste à nos regards.

— Tout principe nouveau veut des formes nouvelles,
Qui revêtent d'un corps l'esprit qui nous révèle;
Et l'esprit et la forme, en leur diversité,
Paraissent quelquefois opposés de génie.
— Tel, le protestantisme, a créé l'harmonie,
En mettant devant Dieu, les cœurs en liberté :
Et, par leur union, remplaçant l'unité,
A, d'un servile accord, brisé la tyrannie.
— Le savoir, en doctrine, a-t-il autorité?
— La science, à l'erreur, est plus ou moins unie.

Il n'est point, ici-bas, d'infaillibilité!
Les titres de notre âme à l'immortalité,
Sont le fruit d'une vie, et non pas d'un système.
Le culte du Très-Haut, est en tout cœur qui l'aime;
Les hommes, en s'aimant, ne feraient que le bien;

Et, comme Jésus-Christ l'a déclaré lui-même :
L'égoïste lui seul ne peut être chrétien.
—Qu'est-ce donc que la foi? — C'est Dieu sensible à l'âme,
Dieu qui nous fait aimer, et qui change les cœurs,
En les vivifiant par cette intime flamme.

Qui passe jusqu'à nous du sein de ses splendeurs.
— Mais, sans raison de croire il n'est pas de croyance.
— La foi n'est pas sans doute un fait d'opinions,
Puisqu'elle est au-dessus de toutes les sciences :
Celles-ci, sur la terre étendant leurs sillons,
Ont besoin, pour fleurir, des célestes rayons.
— Un rayon sans chaleur, un rayon sans lumière,
Serait également inutile à la terre.
— La foi, c'est le soleil, pour le monde moral;
Seule elle épanouit toute fleur d'idéal.

Dont le parfum s'élève à la divine essence;
L'idéal est le but de la réalité,
Et pour l'atteindre, il faut toute l'éternité.
L'égoïsme au contraire est une déchéance,
Puisque l'amour suprême est la Divinité.
Donnant à la raison sa plus haute puissance,
La foi nous ouvre au ciel un plus vaste horizon,
Qu'ici-bas ce savoir qui s'adore lui-même,
Qui s'intéresse à tout, sauf à l'Etre Suprême,
Et de l'homme sans foi, fait l'homme sans raison?

Comme il parlait encor, du haut des monts rustiques,
Un chœur pieux formé par de lointaines voix,
Répondit tout à coup au plain-chant des Vaudois,
Comme un céleste écho des terrestres cantiques.

L'Eternel nous a dispersés!
Jérusalem n'a plus de fêtes:
Les murs du temple renversés
Répondent aux cris des Prophètes.
Babylonne, voyant leur deuil
De nos larmes fait son orgueil.
Aux rumeurs de ses larges fleuves,
A toutes les brises du ciel,
Pleurent les harpes d'Israël,
Qui gémissent comme des veuves.
Quand pourront-elles, ô mon Dieu,
Chanter encore en ton saint lieu?

Au sein de l'étranger cherchant une patrie,
Ce chœur était formé de chrétiens fugitifs,
Qui venaient demander des foyers adoptifs
Et l'hospitalité d'une tribu chérie.

Semblables à deux sœurs d'un âge différent,
Mais d'une âme pareille, et que sépare à peine
Aux pans du même toit la cloison mitoyenne,
Des deux cotés des monts, sans s'assigner de rang,
L'église Réformée et l'église Vaudoise
Avaient unis leur vie et leur zèle plus grand,
A l'ombre de ces pics que la neige pavoise.
Ces exilés étaient venus par Vandalin
Pour éviter, plus bas, sur les bords de l'Yvoise,
Le fort de Mirabouc, qui ferme le bassin.

Fonfrède, le premier, au-devant d'eux s'avance,
Il reconnaît Meynard, l'honneur de la Provence;
Glandas de Romeyer, vieil enfant du Diois;
Turrel, qu'avec estime il présente aux Vaudois
Comme un guerrier déjà connu par sa vaillance.
Les proscrits sont bientôt accueillis sous leurs toits.
Là, tout en observant le jeûne pour eux-mêmes,
Les Vaudois, empressés à les biens recevoir,
Leur prodiguent les fruits de leur petit avoir,
Qui dans tous les hameaux sont à peu près les mêmes.

Le luxe et l'indigence ont chacun leurs dangers
Qu'ici n'encouraient pas ces frères étrangers.
— Après s'être remis un peu de leur fatigue
Ces pauvres exilés racontent leurs malheurs,
En échange des biens que chacun leur prodigue.

—Mais l'histoire est souvent un reflet de nos cœurs,
Qui la rendent toujours selon qu'ils l'ont saisie ;
Aussi n'est-elle encore instruite qu'à demi.
— Le début des Bourbons fut une apostasie;
Et la fin des Valois la St-Barthélemy.

— On est rarement juste envers un ennemi.
—La réforme pourtant a servi leur puissance,
Et c'est sur ses débris qu'ils se sont élevés.
—Malheur, à qui se fie à la reconnaissance!
Elle eût pour ennemis ceux qu'elle avait sauvés.
—Mais comment ces malheurs vous sont-ils arrivés?
A quel germe fatal ont-ils dû leur naissance?
— Après ce grand massacre où Coligny mourut,
Et dont Rome tira tant de réjouissance,
Entre les survivants la guerre reparut.

—Qui sème l'ouragan récolte les naufrages.
—Jamais la France encor n'avait eû tant d'orages.
Les factions des SEIZE et de Guise et du Roi,
Y répandaient partout le désordre et l'effroi.
Henri III, fugitif dans son propre royaume,
Sous la haine du peuple et le mépris des cours,
Dût tout au Béarnais qui vint à son secours.
Il voulut se venger des intrigues de Rome;
Assassina de Guise, et fut assassiné
Par un bras que sur lui Rome avait déchainé.

C'est alors qu'Henri IV, âme loyale et fière,
Devant les factions, moins en roi qu'en héros,
Dans les plaines d'Ivry fit flotter sa bannière.
—Mais du champ de bataille où reposaient les os
Des preux des deux partis, une main fanatique
Vint, dans l'ombre, arracher au sol patriotique,
Les restes glorieux des soldats huguenots;
Et jusques dans la mort fit revivre la guerre.
— Ils avaient combattu sous les mêmes drapeaux,
Et ne pouvaient dormir dans la même poussière !

— Que de sang depuis lors répandu sur les lys !
Qui dira les malheurs de St-Jean-d'Angély?
Les massacres affreux de la Chataigneraie?
Ceux de Négrepelisse et de Montélimar :
De Vassy dont l'image encore nous effraie.
Les dévastations de l'Ardèche et du Gard;
La ville de Privas, toute démantelée,
Combattant nue encore, au fond de sa vallée:
Et, comme Winkelrîd, attirant sur son cœur,
Les coups qui menaçaient ses frères en douleur?

Pourtant quand d'Orléans, frère de Louis XIII,
Avec Montmorency qui l'avait précédé,
Déploya dans l'ouest l'étendard de Condé,
Criant : malheur au roi ! la réforme française
Soutint de son appui le trône lézardé.

—La Rochelle elle-même en perdant sa puissance
Cimenta de son sang l'unité de la France.
—Oh! que n'a-t-elle pu se défendre toujours
Comme elle l'avait fait en ces antiques jours,
Où d'Aumale et Crillon subirent sa vaillance!

— Déjà dans ses remparts treize mille boulets
Avaient ouvert la brèche aux fureurs des batailles,
Sans ébranler le cœur des braves Rochellais.
On fit jouer la mine et l'on vit les murailles
Tomber sur l'assiégeant en ardentes mitrailles.
Brantôme s'y trouvait : il a, dans ses récits,
Enuméré les morts que firent ces débris,
Une énorme machine en forme de bascule,
Balançait dans les airs, comme d'un bras d'Hercule,
Des chaudières de fonte au-dessus des bastions :

Et sur les ennemis versait, à gros bouillons,
Comme d'un encensoir qui jette sa fumée
Des flots de poix bouillante et de graisse enflammée.
Ainsi, pendant deux mois, l'héroïque cité,
Repoussant d'une main les efforts d'une armée,
Grandit, loin de fléchir, devant la royauté.
—Plus tard, par l'Océan, Richelieu vint la prendre.
—On a vu, devant Tyr, la digue d'Alexandre
Ouvrir ses bras de fer sur les flots incertains,
Et, resserrant l'espace à force de s'étendre.

Etouffer dans le port les horizons lointains
Vers lesquels mainte voile était près de se tendre.
Ainsi fut la Rochelle au moment de périr.
La reine d'Angleterre au prix d'un cœur facile,
Avait acquis, dit-on, la perte de la ville,
Que Buckingham deux fois aurait pu sécourir;
Noble ville, emportée après un an de siége!
Les ardeurs de la guerre et celles de la faim,
Faisaient fondre son peuple à l'instar de la neige.
Chacun, par ses douleurs, pouvait prévoir sa fin.

Le dernier des Rohan parcourait les Cévennes
En demandant aux siens tout le sang de leurs veines,
Pour sauver ces héros par un sublime effort,
Et s'assurer la vie en empêchant leur mort.
» S'ils meurent, c'en est fait et de vous et des vôtres!
» Le parti protestant tombe au niveau des autres. »
Mais chacun ne voulait combattre que pour soi;
Et la cause commune étant abandonnée
Toute autre dans sa perte alors fut entrainée,
L'abaissement de tous fit la grandeur du roi.

—Ah! c'est la lâcheté qui produit les despotes!
Lorsque chacun se doit à ses compatriotes
La générosité devient de la raison;
Un demi dévoûment n'est qu'une trahison;
L'intérêt personnel n'inspire que des fautes.

— Gustave-Adolphe était le vrai peuple d'alors!
Combattant pour sa foi, sans crainte ni remords,
Il accueillit Rohan, dont l'héroïque épée
Trouva pour allié ce même Richelieu
Par qui sa cause, en France, avait été frappée.

— Ministre indifférent au peuple comme à Dieu;
Mais jaloux d'abaisser la grandeur de l'Autriche.
— Puissance qui bientôt vint avec Mazarin,
Sur le champ d'une gloire et d'une paix en friche,
Affriander chez nous son aigle au bec d'airain.
— Il prépara la fronde. — Etincelants orages
De ruse, d'ironie et d'intrépidité;
Tumultueux conflits entre tous les courages :
Où la foudre éclatait, en d'obscurs entourages,
Tour à tour sur le peuple et sur la royauté.

La satire et la force également farouches;
La cruauté, formée aux sourires moqueurs.
— Le mot de liberté fut dans toutes les bouches;
Et l'amour du pouvoir était dans tous les cœurs.
— Aussi le despotisme allait-il apparaître;
On peut tout asservir quand chacun songe à soi.
— Un monarque en tutelle, ayant l'instinct du maître,
Enfant, qui devait dire un jour : l'état, c'est moi!
S'élevait dans ce trouble avec cérémonie.
Le peuple est sympathique à toute tyrannie,

Qui présente à ses yeux l'aspect de la grandeur;
La royauté parut dans toute sa splendeur.
— Et l'on n'a pas manqué de comparer Auguste,
Avec Louis XIV. — Il n'est rien de plus juste :
Tous deux ont de l'éclat, tous deux sont des tyrans,
A défaut de vertu l'orgueil les a faits grands.
— Octave fut clément. — Une fois entre mille,
Moins encor par bonté que par calcul habile;
Mais ses proscriptions et ses assassinats,
L'avaient déjà souillé de tous les attentats.

— L'un et l'autre ont aimé toute lyre choisie.
— Dites l'encens des vers, mais non la poésie!
La Fontaine et Racine ont été dédaignés
Du moment que du trône ils se sont éloignés.
Auguste resta sourd aux prières d'Ovide
Qui, du fond de l'exil, implorait la douceur
De revoir la patrie où palpitait son cœur;
Et Cicéron mourant l'accuse d'homicide.
—N'ont-ils pas du génie allumé le flambeau?
—Le génie est un don, mais non pas un cadeau:

Comme il ne saurait être un objet de conquêtes;
On peut faire des rois, mais non pas des poètes.
Et d'ailleurs qu'ont-ils fait de ces flambeaux divins?
Ils les trouvent brillants, ils les laissent éteints.
— Par l'abus de la force et par le servilisme

Le plus juste pouvoir se change en despotisme.
Octave avait banni quatre cents chevaliers;
Le roi de France, lui, nous proscrit par milliers.
Le génie a fait place à l'obscur fanatisme;
Et de l'aigle de Meaux on tombe à Le Tellier.

—L'arbitraire est toujours frère de la licence.
—Comme la liberté compagne du devoir.
— L'une produit la force, et l'autre le pouvoir.
—L'autorité de droit est dans la conscience.
—Le parti protestant la voulait telle en France;
Défenseur de Louis, dans sa minorité,
Réprouvant la licence ainsi que l'arbitraire,
Seul peut-être, il pouvait fonder l'autorité
Sur le respect du droit et de la liberté.
— Mais le pontificat voulait tout le contraire;

Et le droit fut pour nous vainement invoqué.
On ne comprenait pas dans ce triste royaume,
L'autorité du droit et la valeur de l'homme.
L'édit de Nantes fut tout à coup révoqué.
Le père de Turrel, prêt à quitter la vie,
Maudit ce roi sans cœur, en songeant aux fléaux
Dont son aveugle haine allait être suivie.
» Vous devez pardonner à l'auteur de vos maux!
» Je pardonne, dit-il, à mes propres bourreaux,
» Mais puis-je pardonner à ceux de ma patrie?

— Qui peut être un martyr eut été un héros!
Que la France est ingrate envers vous! — Ah! mon frère,
N'accusez pas la France! elle nous est si chère;
Elle a tant d'avenir pour le monde! — Et comment?
— La France est le creuset où tous les éléments
Du nord et du midi, toutes les races d'hommes :
Les Alains et les Huns, les Goths et les Normands :
Esprit des temps passés et des temps où nous sommes,
Sont venus se confondre en leurs bouillonnements,
Et former à la fin cet airain de Corynthe,

Où chaque peuple a mis un rayon de splendeur,
Pour que l'humanité, dans ses fibres empreinte,
S'y résume et s'y voie en toute sa grandeur.
— Ce n'est pas vers ce but que la France actuelle
Paraît se diriger. — Nous y marchons pour elle.
Que l'Evangile, un jour, puisse la transformer!...
— On le proscrit en vous. — Mais son esprit y reste.
Il brisera le vase où l'on veut l'enfermer,
Afin de tout refondre ou de tout consumer;
Et marquera le monde à son type céleste.

—Mille faits de détail animaient quelquefois
Les récits des Français, au milieu des Vaudois;
Anecdotes de guerre, à l'ombre des vieux chaumes,
Comme un reflet des camps sous nos paisibles toits.
— Traqués comme des loups par les dragons d'Artois,

Dans un château détruit nous restions dix-huit hommes.
Plus de munitions : nos fusils avaient faim ;
On fit fondre pour eux l'or, l'argent et l'étain ;
A notre tour aussi, dans l'étroite masure,
Bientôt plus d'eau pour nous et plus de nourriture.

Ayant tout épuisé, sauf notre fermeté
Il nous fallut manger, en cette extrémité,
Le cuir de nos souliers et boire de l'urine,
De brulantes tumeurs couvrirent ma poitrine ;
Les uns périrent là : d'autres ailleurs frappés ;
Et je ne sais comment je me suis échappé.
— Ainsi, plus d'un héros, inconnu Bélisaire,
Confiant à l'exil sa gloire et sa misère,
Apportait aux Vaudois un écho douloureux
Des orages lointains qui s'avançaient sur eux.

Mais ils avaient déjà vu passer tant d'orages,
Qu'ils pouvaient espérer d'en être encore exempts ;
La foudre est familière à leurs rochers sauvages ;
Leurs pères ont souri sous des coups plus pesants.
De leurs cœurs éprouvés l'épreuve est la couronne ;
Le calme est une force, et la foi la leur donne ;
Le pouvoir de la foi de tout autre tient lieu !
Et, sans qu'à ces récits l'abattement les gagne,
Ils poursuivent en paix leurs travaux de campagne,
Sachant que toute chose est dans les mains de Dieu.

CHANT SIXIÈME.

LES MOISSONS ET L'ALPAGE.

(Souvenirs des persécutions, dans les vallées Vaudoises).

Le soleil des moissons a doré l'espérance
Des semis de l'automne, en opulents épis;
La terre n'est jamais ingrate pour ses fils,
Elle leur rend l'amour comme l'indifférence.
— Que le pauvre ait sa part dans les fruits du sillon!
La faucille a déjà remplacé l'aiguillon:
Et l'on voit dans les champs, la timide glaneuse
Recueillir les épis de sa main matineuse.
Une jupe de serge, un mouchoir de coton,
La capligne (*) de paille attachée au menton,
Le fichu quelquefois jeté sur un arbuste,
Les bras et les pieds nus, le corsage robuste,
Mais des traits doux et fins, des mouvements légers,
Telles sont, dans les champs, ces filles des bergers.

(*) Chapeau à larges bords, propre aux femmes de la campagne.

Quelle œuvre a les attraits du travail populaire?
A côté du hangar, on bat le blé sur l'aire;
L'appel réitéré des agiles fléaux,
A l'espoir du grain mûr attire les oiseaux.
Sous les pieds des batteurs la paille qui remue
Ondule en frissonnant comme une vague émue;
Le grain de blé jaillit en sable devant eux,
S'élançant quelquefois jusques dans leurs cheveux.
Les fléaux dans les airs, se croisent sans s'atteindre;
Et leur bruit cadencé, que mon vers voudrait peindre,
Retentit en tintant tout autour des batteurs,
Dont le groupe mobile avance avec lenteur.
Quand le fruit de la gerbe est épars sur l'arène,
Pour enlever la paille au sol chagé de grain
Deux jeunes ouvriers parcourent le terrain,
La soulevant partout sur leurs fourches de frêne;
Ils l'entassent au centre; et puis, la soulevant
D'un effort dont son poids n'atteint jamais les bornes,
Se rapprochent, portant leurs fourches en avant,
Pareils à deux taureaux qui mesurent leurs cornes;
Doublent ainsi leur force, et s'avançant de front,
Enlèvent tout ce chaume au-dessus de leurs fronts.
Ce chaume accumulé sur les marges de l'aire
D'un étage de plus élève le pailler
Fait, pour braver la pluie, en cône circulaire,
Et se joindre en hiver au foin du ratelier.
Lorsqu'on a terminé les travaux du battage
Il faut vâner les blés qu'ensuite l'on partage.

Le vent d'est, régulier et vif comme un parfum,
Offre à son souffle égal un vannoir opportun.
En face du courant on entasse les graines
Que l'air doit dépouiller des glumes qu'il entraîne.
Alors un ouvrier, au bras rapide et sûr,
Puise à pleine pellée et lance dans l'azur
Un arc-en-ciel de blé, qui franchit l'esplanade
Et va, sur l'autre bout, retomber en cascade.
Ainsi le grain ressemble aux perles d'un jet-d'eau,
Qui jaillit et circule incessamment nouveau :
Et sous lequel on voit, dans un cadre mobile,
S'étendre ou se restreindre un horizon tranquille.
Pendant qu'à ce travail le groupe est disposé,
Du haut des tas de blé sur le sol déposé
On voit de petits grains s'écouler à mesure
Du côté du couchant : Clepsydre qui mesure
Le mouvement du globe en un sens opposé,
Et qui démontre ainsi d'une façon visible,
Cette rotation qui nous est insensible.

Les troupeaux sont montés, même avant les moissons,
Plus haut que les Albergs où restent leurs toisons;
Ils ont atteint l'Alpage, où l'été les rassemble,
Marqués au nom du maître avant que d'être ensemble.

Au moment de partir, les jeunes alpagers
Réunis sur un tertre au milieu des bergers,
Adressent au Seigneur une courte prière,
Pour qu'il daigne bénir la colonie entière.
Puis un pâtre descend et sonne le départ;

Les troupeaux réunis alors sortent du parc,
Et l'alpestre peuplade, avec un air de fête,
Se met en mouvement vers ces sommets altiers
Dont ses travaux rurals vont couronner le faite.
Le voyage permet des accents familiers;
Et les colons, portant des vases, des paniers
Affermis sous le bras ou bercés sur la tête,
Comme jadis les Grecs et les Egyptiens,
Abrègent leurs sentiers par de gais entretiens.
Le cortège rustique, en longue caravane,
Suit ainsi les lacets de la route peu plane
Qui tour à tour les montre ou les cache aux regards,
Sans ralentir le pas des jeunes montagnards,

Les troupeaux sont enfin parvenus à l'alpage
Grand bercail en plein air, près d'un petit village,
Ou plutôt d'un amas de cabanons grossiers,
Adossés au talus qui descend des glaciers.
Ces modestes casals (*), comme dans la Norwège,
Restent ensevelis quatre mois sous la neige;
Puis, un lichen blanchâtre y succède aux frimats
Qu'il semble éterniser dans ces tristes climats.
Les pâtres, pour dormir, sur la terre penchée
Etendant un peu d'herbe au soleil desséchée,

(*) Chalets construits en pierres; on leur donne, selon les lieux, les noms de *caset*, de *bayta*, de *muanda*, etc.

Ou des clisses (*) de seigle en matelas épais,
S'enveloppent d'un sac et s'y couchent en paix.
Par les fentes du toit, quand le ciel est sans voiles,
Ils peuvent voir briller de petites étoiles;
Et, comme autour des murs sont aussi les troupeaux,
Ils surveillent de là leur nocturne repos.
Une douce chaleur, à travers la muraille,
Se fait même sentir sur leur couche de paille ;
Car de ses rangs pressés la foule des toisons
Comme de flots de laine entoure les maisons,
Et, laisse au point du jour, sur le seuil de la porte,
Un terreau précieux que l'eau de pluie emporte.

Mais tout n'est pas vulgaire en ces rusticités ;
Les lieux les plus ingrats ont aussi leurs beautés.
Il est dans ces hauteurs, où l'aigle se repose,
Des pâturages verts semés de lauriers rose (**),
Où la chèvre en courant le dispute au chamois;
Des rochers dont leur langue a poli les parois,
Quand un peu de sel gemme, aux savoureux indices,
Par quelque efflorescence allèche leurs caprices.
Là, fleurit le bugrane, aux grappes de corail;
La soldannelle bleue aux clochettes d'émail,
Dont les bords sont frangés comme le ményanthe;

(*) Gerbe de paille dépouillée du grain.
(**) *Rhododendrum ferrugineum*, nommé *laurier des Alpes*.

L'arétie aux fleurs d'or sur des filets traînants,
Et le silène rose aux tapis gazonnants.
Là s'ouvrent dans les rocs des grottes d'amianthe,
Qui laissent sur leurs bords prendre au lieu de gazon
De leurs gerbes d'argent l'inégale toison.
D'un éclat souterrain gardant le privilège
Leurs voûtes, dirait-on, produisent de la neige;
Mais qu'un pâtre transi vienne y faire du feu,
Loin de fondre elle augmente et ressort peu à peu :
Tellement que bientôt l'éclatante fourrure
S'effile sous les doigts comme une chevelure ;
Et lorsqu'on croit avoir épuisé ce trésor,
La grotte en peu de jours le renouvelle encor.

Un pain dur et cassant, vrai biscuit de montagne,
Qu'on brise à coups de hâche et qu'à grand peine on gagne,
Est avec le fromage et quelque peu de lait,
Le modeste aliment de ces fils du chalet.
A peine, quelquefois, oubliant les pacages,
Un hardi braconnier poursuit jusqu'aux nuages
Quelque isard maraudeur qui, timide et gourmand,
Venait se règaler, la nuit, furtivement,
Du son, mêlé de sel, que pour la bergerie,
On apprête d'avance au seuil de l'écurie :
Et régale à son tour l'alpage réuni,
Aux dépens du voleur que sa balle a puni.

Les chiens autour du parc font la garde en silence,
Mais le lynx quelquefois trompe leur vigilance;
Il imite de loin les cris si déchirants
D'un agneau qui gémit, las, égaré, souffrant:
Et s'il est dans l'alpage, à sa voix fascinée
Une pauvre brebis, qui durant la journée
Triste, ait perdu le sien, mais l'espérant toujours
S'éveille à cet appel qui trompe son amour :
Alors elle bondit hors de la bergerie,
Court au lieu vers lequel il lui semble qu'il crie,
Passerait dans le feu pour aller le nourrir;
C'est en vain que le chien cherche à la retenir,
Que la voix qu'elle entend sort du fond d'un abîme :
Le gouffre est moins profond que l'amour qui l'anime;
Elle vole, elle tombe! et le lynx triomphant
Dévore la brebis qui cherchait son enfant.

Ainsi la mort triomphe en toute la nature!
Les êtres sans raison, qui cherchent leur pature,
Se déchirent l'un l'autre à l'envi, sans remords,
Comme s'ils ne vivaient que pour se mettre à mort.
Ah! devrait-il en être ainsi parmi les hommes?
Et pourtant, que de haine et de guerres entre eux,
Lorsqu'ils pourraient si bien s'entendre à vivre heureux.
Les Vaudois sont encor paisibles sous leurs chaumes;
Et déjà, de la guerre épiant les symptômes,
Leurs chefs sont occupés à prévenir des maux,
Qui sembleraient devoir épargner ces hameaux.

Arnaud monte à son tour à l'Alp de la Vachère;
Fonfrède et Rostagnol l'ont déjà précédé.
Turrel, qui l'accompagne à ce conseil de guerre,
Au nom de Janavel lui parle de Condé.
Voilà le Val-Angrogne aux eaux retentissantes,
Qui font trembler les fleurs sur leurs rives glissantes,
Dont le bassin s'étend, par gradins inégaux,
Jusques à la Vachère en verdoyants plateaux.

— C'est-là, dit le pasteur, en désignant du geste
Un abîme profond sous une pente agreste,
Qu'au temps d'Innocent VIII, un des persécuteurs
Ligués par Cattanée afin de nous détruire,
Un chef, nommé Saguet, tomba de ces hauteurs...
Et périt dans les eaux que vous entendez bruire,
Ce lieu se nomme encor le gouffre de Saguet.
— Plus haut, dans ces rochers qui dominent le gué,
S'était réfugiée une pauvre fermière
Avec son nourrisson, loin du fer des bandits.
Elle avait auprès d'elle une chèvre laitière,
Qui broûtait un peu d'herbe aux fentes de la pierre,
Et de son propre sein elle allaitait son fils.
La biche se montra, les soldats la suivirent;
La mère au désespoir défendit son enfant;
Par ses pieds délicats ces monstres le saisirent,
L'enlevèrent de force : et d'un bras triomphant,
Le faisant tournoyer au-dessus de leur tête,
Lui brisèrent le crâne aux angles du rocher.

—Quelle horreur ! s'écria Turrel, rien ne rachète
De pareils attentats. Pauvre enfant !... l'arracher
Aux mains de ces bourreaux !...—Ce n'est pas le seul crime.
La mère, pour les fuir, s'élança dans l'abîme ;
Elle fut retenue aux branches d'un buisson.
Les massacreurs alors la rendirent victime
D'un traitement qui cause encore le frisson.
Comme elle se tordait en criant, sur la mousse :
» Sa bouche est trop étroite aux clameurs qu'elle pousse, »
Dirent-ils en raillant : « il la faut élargir ;
» Puisqu'elle veut crier nous la ferons rugir. »
Et décharnant les os de toute sa machoire,
Sans la faire mourir de ces tourments sans nom,
Ils mirent sur la plaie, appareil dérisoire,
Pour arrêter le sang de la poudre à canon (*).
—Oh ciel ! et que devint la malheureuse femme ?
—La gorge tout en sang, et le sang tout en flamme,
Elle demeura seule en ces rochers déserts
Où sa voix mutilée épouvantait les airs.
Une fièvre brulante égara sa pensée ;
Oubliant ses douleurs, à peine commencées,
Elle courait partout appelant son enfant,
En démence, épuisée, horrible.... Ah ! Dieu défend

(*) Ce fait a eu lieu en 1655, mais dans la combe de Liousa et non dans la vallée d'Angrogne. Ces deux localités ne sont distantes que de quelques lieues.

La haine et la vengeance : il ne faut pas maudire,
Mais prier; et pourtant à ces lâches horreurs
On deviendrait féroce! ou sent bondir son cœur
D'une indignation qui ne se peut décrire.

— Nous avons bien souffert aussi; reprit Turrel.
Vous avez entendu parler des dragonnades?
Le tumulte des camps porté dans nos bourgades,
Le rapt, la cruauté, des tourments sans pareils!
La seule apostasie obtenant un salaire;
La fidélité sainte envoyée aux galères;
Ceux qu'on faisait mourir par défaut de sommeil,
Ceux qui n'ont pu survivre aux hontes des familles,
Au déshonneur royal qui tombait sur leurs filles....
Ah! si vous saviez tout, vous vous étonneriez
De nous voir seulement d'hier expatriés.
— Après ce que j'ai vu de quoi m'étonnerais-je?
Mais souffrir pour le ciel est un beau privilège! —
Tel ce jeune martyr qu'on avait torturé : —
Adore à nos autels tu seras délivré. —
L'amour de Dieu nous sauve et non l'idolatrie. —
Eh bien, nous allons voir s'il te délivrera,
Les égorgeurs sur lui tombent avec furie.
— Oui : Dieu m'a délivré! dit-il. Il expira. —
De bien d'autres encor sa trace fut suivie.
Meille, à l'auto-da-fé conduit par des archers :
— Vous manquerez plutôt de bois pour les bûchers,

« Que de martyrs chrétiens pour y porter leur vie. »
Le sang de l'héroïsme et de la foi qui prie
A, comme autant d'autels, consacré nos rochers.
—Mais les Vaudois ont su vaincre aussi par les armes?
Ils ont été souvent le soutien de leur roi;
Ils ont versé le sang qui fit verser des larmes;
L'héroïsme est, chez eux, aussi grand que la foi!
— N'ont-ils pas ici près gagné quelque victoire,
Qui jadis ait jeté son éclat dans l'histoire?
— Un jour qu'on espérait les terrasser d'un coup,
Le chef prêt à partir dit avec raillerie :
» C'est affaire de chasse et de louvèterie! »
— Aujourd'hui, Monseigneur, répliqua tout à coup
Une femme inconnue, une bohémienne,
Qui se trouvait alors sur le lieu de la scène,
« Ce seront les barbets qui mangeront les loups. »
Le général partit, avec trois corps d'armée,
Pour venir attaquer nos gens au Pra-du-Tour.
L'un franchit les revers du col de Champ-Ramée,
Là bas, dans ces coteaux, au-dessus de La Tour :
La route échappe à l'œil, car elle est fort étroite.
L'autre, vint par ces bois qui sont à notre droite;
Le dernier, plus nombreux, suivait à petit bruit
Le chemin par lequel nous passons aujourd'hui.
Tous trois furent défaits. Le soir, dans cette plaine,
Morne, accablé, sanglant, fugitif, hors d'haleine,
Georges Coste (*), ce chef hautain présomptueux,

(*) Connu dans l'histoire sous le nom de *comte de la Trinité*.

D'autant plus abattu qu'il fut plus orgueilleux,
Abandonné des siens, s'assit sur une pierre,
Et laissant retomber sa tête sur sa main,
De honte et de douleur inondait sa paupière,
Seul, comme un mendiant, sur le bord du chemin.

—Le Pra-du-Tour est donc un poste redoutable?
— Ce n'est qu'une vallée à peine praticable;
Des rocs ferment partout ses hautes profondeurs
Où viennent aboutir, par des pentes rapides,
Tous les monts d'alentour. Mais dans les rocs arides
On trouve quelquefois de déclicates fleurs.
Là vous auriez trouvé, dans les siècles antiques,
Une école assidue à former des pasteurs;
Vous auriez entendu de célestes cantiques,
Des entretiens pieux, des lectures bibliques,
Des élans de prière à ravir tous les cœurs.
Ah! c'est que du milieu de ces âpres retraites
Ils élevaient leur âme au-dessus des tempêtes,
Dans la sérénité de l'immortel amour,
Ces lévites du Christ, ces fervents interprêtes
De la Bible, cachée en notre humble séjour.

Ce lieu nous fut aussi comme une citadelle.
Tel, à Jérusalem, le temple du vrai Dieu
Fut, contre Antiochus, un fort au peuple Hébreu,
Lorsque le Sacerdoce, à son poste fidèle,

Des plus vaillants guerriers devenu le modèle
Assistait aux combats sans sortir du saint lieu.
Ainsi quand, défendant leur patrie opprimée,
Nos montagnards ici triomphaient d'une armée,
Criant : — à mort! à mort! les exterminateurs!
— A genoux! à genoux! crièrent les pasteurs :
Rendons à l'Eternel grâce de la victoire!
Que d'un sang inutile il garde votre gloire.

C'était quand l'ennemi venu de tout côté,
Par la main des Vaudois, ou plutôt de Dieu même,
Reçut sitôt le prix de sa témérité.
— Et le chef était-il George Coste? — Lui-même.
Le premier corps d'attaque aborda le bassin
Par ces pans calcinés, nommés Côte Roussine;
Afin de pouvoir mieux nous cacher son dessein
Il suivait le torrent. « Vengeance! on m'assassine »
S'écria tout-à-coup le premier assassin.
Six des nôtres s'étaient portés, sur son passage,
Au point le plus étroit d'un profond défilé
Que forme le ravin de plus en plus sauvage.
Le sentier de la Côte est là comme étranglé
Entre un gouffre béant et la roche saillante
Où la berge se courbe et devient effrayante,
Nos soldats, protégés par l'angle du rocher
contre les ennemis qu'ils voyaient s'approcher,
Tiraient à bout portant du coin de leur redoute
Sur quiconque avançait au détour de la route.

Ils étaient six contre un, quoique seuls contre tous;
Aussi chaque assaillant, prévenu par leurs coups,
Roulait au fond du gouffre en faisant place à d'autres
Qui tombaient à leur tour sans entamer les nôtres.
Quatre de ces derniers rechargeaient les fusils,
Et deux étaient toujours prêts à tirer ainsi.

Arrivés sur ce point, qu'un tel succès protège,
Les rangs de l'ennemi fondaient comme la neige;
Il ne pouvait s'étendre en cet étroit chemin,
Ni gravir le rocher, ni franchir le ravin;
Il dût retrograder. Mais nos gens en campagne,
Firent rouler des rocs du haut de la montagne.
Ces pierres, ces rochers, ainsi précipités,
Multipliant leur force et leur rapidité
Par le poids de leur masse et la hauteur des pentes,
Multipliant leur nombre en volant en éclats
Et déchirant les airs de leurs ailes stridentes,
Mirent un tel désordre au milieu des soldats,
Qu'en ce moment d'effroi la horde meurtrière
Cessant de faire corps se dispersa soudain,
S'éteignit, disparut dans les plis du terrain,
Comme étant elle-même un bloc mis en poussière.

D'autres étaient venus du côté de Pramol,
Se glissant à plat ventre entre les plis du sol;
Mais ils ne savaient pas qu'aux deux tiers de la route,
Les Vaudois avaient fait une forte redoute,

Et qu'ils les attendaient dans leurs retranchements.
On se prit corps à corps au sommet des murailles;
Les nôtres et les leurs roulaient dans les broussailles.
Femmes, enfants, vieillards, en ces tristes moments
Priaient au Pra-du-Tour qui leur servait d'asile,
Demandant la victoire au Dieu de l'Evangile,
Comme autrefois les juifs du sein de Zabulon;
Et, pendant leur prière, au centre du vallon,
On vit monter encore un autre corps d'armée
Qui venait assaillir la tribu désarmée
Par le point le plus proche et le moins défendu.
Encore quelques pas, et tout était perdu!
Mais un épais brouillard s'élevant de l'abîme
Ralentit ces derniers, sur un sol inconnu,
Au moment qu'ils touchaient à la dernière cîme.
Nos montagnards, vainqueurs des deux autres côtés,
Accoururent alors d'autant plus intrépides;
Et déployant contre eux leurs phalanges rapides,
Dans ces rocs hérissés d'anfractuosités,
Ils les firent rouler, comme du haut des nues,
Jusqu'aux eaux de l'Angrogne, au fond du gouffre émues.
Le soir, au Pra-du-Tour, on rendait grâce à Dieu;
On eût vu les guerriers, au sein de leurs familles,
Bénis par les vieillards, caressés par leurs filles,
Redevenir de bons villageois, au milieu
Des drapeaux ennemis et des riches trophées
Dont ces roches d'asile étaient tout étoffées.

Ainsi le Tout-Puissant délivra nos aïeux ;
Son bras sera-t-il fort moins pour nous que pour eux ?
— Sa faveur dans un peuple apparaît en grands hommes ;
Le votre fut béni plus que nous ne le sommes !
Un peuple que le ciel rend fécond en héros
N'est pas fait pour subir la honte des bourreaux.
Quels chefs eût-il alors ? — Nul récit ne les nomme.
— Est-il encor beaucoup d'hommes aussi vaillants ?
— S'ils étaient moins nombreux ils seraient plus saillants.
C'est ce que l'on peut dire aussi de votre France.
— Partout ils ont payé leur tribut de souffrance.
Ils en auront, au ciel, plus de félicités ;
Mais ils n'en ont pas moins été persécutés.
— La St-Barthélemy, les Pâques piémontaises,
Les trois jeunes Hébreux jetés dans la fournaise,
Tous les autodafés des ascétiques preux.
Des palmes du triomphe ont enrichi les cieux.
— S'ils triomphent au ciel ils meurent sur la terre ;
Ainsi plus d'une Eglise a suivi leurs trépas,
Là même où l'Evangile était héréditaire.
— Ce n'est que pour le ciel que l'on est ici-bas ;
A la voix du devoir toute autre doit se taire ;
Et Jésus, soutenant notre fidélité,
Nous dôte par sa mort de l'immortalité.
— Votre peuple a déjà vu s'ouvrir bien des tombes !
Nul n'a même au martyre, offert plus d'hécatombes ;
Le sang de la Calabre a coulé par torrents,
Sur ses lévites morts et ses pasteurs mourants,

Barcelonnette a vu s'éteindre son Eglise,
Ainsi que Fressinière et le haut Val-Louise;
Nos Français n'ont plus même en France de soutiens,
Et le berceau du Christ est désert de chrétiens.
— Sans épreuve et sans lutte il n'est point de victoire;
A qui combat pour Dieu, le rever tourne à gloire;
Et mieux vaudrait encor, au courage moral,
Expirer pour le bien que vivre pour le mal.
—La théorie est belle et la pratique est rude;
En morale souvent, comme en religion,
Plus on tient à la forme et moins on tient au fond.
La vertu ne prend pas cette fière attitude;
Pour moi, je me sens homme, et ne puis sans gémir.
Accepter la souffrance ou voir l'homme souffrir.
— Ce courage nous vient, de Dieu, non pas des hommes.
N'est-il pas avec nous au moment où nous sommes?
Au rendez-vous marqué, lui-même nous conduit;
Voyez quel beau soleil il nous donne aujourd'hui!

Sur les plans inclinés de la haute montagne
Le peuple se rassemble à l'entour du Pasteur,
Ainsi que des troupeaux, épars dans la campagne,
Autour de leur berger debout sur la hauteur.
— Qu'il est beau d'apporter la parole de vie
A des êtres promis à l'immortalité!
De servir de boussole à celui qui dévie;
De prêcher la vertu, la foi, la vérité,

Une religion toute de charité,
Qui seule doit un jour être ici-bas suivie !
D'en faire resplendir l'éternelle beauté ;
D'être enfin, dans cette œuvre où Jésus nous convie,
Comme l'Ambassadeur de la Divinité.

Quand le culte est fini, le peuple se disperse.
— Avec ses paroissiens le bon Pasteur converse ;
Il prévient leurs appels, s'informe de leur sort,
Encourage le faible et reprime le fort ;
Console l'affligé, prêche la confiance
En celui qui peut tout, et qui dans tous les cœurs
Par la voix du devoir parle à la conscience.
Puis, avec ses amis parcourant les hauteurs,
Recueille les conseils de leur expérience.
Arrivés au sommet du cône de rochers
D'où l'on voit à la fois la plaine et les vallées,
Ils prennent pour s'asseoir des pierres isolées ;
Discutent froidement le glaive et les buchers,
L'avantage des lieux, les chances de la lutte,
Et celles du triomphe ainsi que de la chûte,

Quels conseillers de guerre ! un pasteur, des vieillards,
Siégeant sur des rochers loin de tous les regards.
— Les apôtres jadis avaient moins de puissance ;
Ils ont changé le monde en changeant sa croyance.

La force s'est brisée en attaquant la foi.
— Dans les conseils de Dieu, qui sait ce qui se passe?
— Ah! peut-être, malgré l'injustice et l'audace,
L'avenir sera-t-il moins sombre qu'on ne croit.
— Que Dieu fasse céder tous les cœurs à sa grâce,
Et le droit du plus fort à la force du droit.

FIN DU CHANT SIXIÈME.

CHANT SEPTIÈME.

PRÉSAGES ET CONFIDENCES.

Plus l'homme se croit fort, plus il a de faiblesses;
L'incrédule est souvent plein de crédulité :
Ignorant la prière et marchandant des messes,
Il croit moins au bon Dieu qu'à la fatalité.
Sa science, en champ clos, attaque l'Evangile,
Mais un rien peut briser sa morale fragile;
Il doute du divin, mais croit au merveilleux.
L'ignorance candide au moins, dans les villages,
Tout émue à de bons ou de mauvais présages,
Voit partout du Très-Haut le doigt mystérieux.

Les effets, à nos sens, parlent avant les causes;
Et rendent attentif sitôt qu'ils ont parlé.
Le peuple, ne sachant encor rien de ces choses,
Pressentait néanmoins un avenir troublé.
L'écho des bruits de France agitait les familles;
Les vieillards se parlaient à l'insu de leurs filles;
Les enfants, dans leurs jeux, s'arrêtaient pour rêver.
La mère était surprise à répandre des larmes;
Les hommes, préparaient secrètement des armes;
On se disait tout bas : que va-t-il arriver?

Un jour, quelques enfants, près d'une source vive,
Où coulait la fraîcheur des bois du Vandalin
Attendaient, en causant d'une bouche craintive,
Qu'aux lèvres du rocher leurs vases fussent pleins.
Séphora s'y trouvait. — Mes vaches, disait-elle,
Se sont fait, en jouant, des blessures mortelles,
L'une, d'un coup de corne, avait le front fendu;
L'autre était éventrée et foulait ses entrailles.
C'est un indice affreux de prochaines batailles,
Un présage de sang à grands flots répandu.

— Ah! je présumais bien quelque chose de triste!
Fit Rachel. — Et pourquoi? — C'est qu'hier, au séchoir (*)
La flamme s'est, dans l'âtre, éteinte à l'improviste;
Tout se couvrit de cendre et le bois devint noir.
— Les blés se sont roussis dans le champ de mon père;
Et les faînes du hêtre étaient toutes à terre.
C'est signe de famine. — Ah! dit un autre enfant :
Mes pigeons, de leurs œufs ont brisé la coquille;
Quel présage de deuil dans le sein des familles?
— Confions-nous, mes sœurs, au Dieu qui nous défend!

(*) Pièce rustique, des chaumières vaudoises, dont le plafond est formé de claies, où l'on étend les châtaignes que l'on veut conserver. La dessication de ces fruits, s'opère à la chaleur et à la fumée d'un foyer, entretenu au millieu de la pièce.

Dit la voix de Sara, chère aux abris de chaume.
Sous lesquels, en chrétienne elle parle aux chrétiens.
La confiance en Dieu fait la force des hommes;
Il combattra pour nous si nous sommes des siens.
N'est-il pas, dites-moi, l'Eternel des armées!
Pourquoi, mes chères sœurs, serions-nous alarmées,
Puisqu'il est notre Dieu? Qui le prie est en paix!
Et devons-nous moins croire à ses saintes paroles
Qu'à ces indices vains, ces présages frivoles,
Qui semblent nous toucher bien plus que ses bienfaits?

— Sa parole en effet est seule véritable;
Mais dans tout l'univers elle parle au regard.
— Ayant laissé ma Bible ouverte sur la table
Le vent en fit tourner les feuillets au hasard,
Ajouta la modeste et simple Noëmie.
La destinée alors me semblait ennemie;
Mais, en levant les yeux, je vis : « Ne craignez point
» Qui peut tuer le corps et ne peut tuer l'âme. »
Ces mots semblent encor briller en traits de flamme
A mon œil ébloui, qui n'alla pas plus loin.

—Mon cœur, en l'Eternel, est plein de confiance;
Dit Rachel : et pourtant, mes yeux sont pleins de pleurs.
— Pourquoi?.... dit Fridolette, avec insoucience;
Que craindrait-on du ciel, quand la terre a des fleurs?
Ont-elles moins d'éclat pour charmer la paupière;

Les rayons du soleil ont-ils moins de lumière,
Et les petits oiseaux de moins douces chansons ?
Regardez-les courir après les demoiselles !
Je veux chanter comme eux, je veux voler comme elles ;
Au milieu des parfums, des champs et des buissons.

— Oui, la nature est belle et toujours bienveillante ;
Les oiseaux et les fleurs ne se querellent pas
Pour des opinions, dont chaque variante
Trouve à son arrivée un concert de combats.
Ils pensent que la vie est trop courte sans doute
Pour l'attrister ainsi par la haine et le doute ;
Ils vivent doucement, tels que Dieu les a faits ;
Ils ont à remplir l'air d'encens et d'harmonie,
Pour compenser l'aigreur de nos acrimonies.
L'homme a, pour être heureux, reçu trop de bienfaits..

Sous le toit parternel rentrent les jeunes filles ;
Elysée était loin de celui du Pasteur.
— Qui sait, disait Suzanne, en posant sa mantille,
Quel gibier maintenant poursuit notre chasseur ?
— Je sais bien, dit Sara, restée avec sa mère,
Quelle chasse fatigue et nous ravit mon frère.
O pauvre et faible oiseau, qui se débat en vain,
C'est son cœur que tourmente une atteinte cruelle :
Plus profonde, d'autant qu'il lutte plus contre elle,
Et qui pourtant, dit-il, m'est un tourment divin !

— Explique-toi, ma fille. Unissant votre enfance
Dieu ne fit qu'un berceau pour le frère et la sœur;
Et depuis lors, vivant de la même existence,
C'est toujours dans le tien qu'il épancha son cœur.
—Je ne pourrais jamais nommer celle que j'aime;
Et n'ose m'avouer cet amour à moi-même!
Me disait Elysée. — Ah! je sais oublier
La distance! en est-il entre les belles âmes?
Si le ciel prend plaisir à leurs communes flammes,
Craindraient-elles jamais de se mésallier?

Non : si celle qu'il aime est digne d'être aimée,
Fut-elle une bergère, elle sera pour moi
Un ange! elle est déjà sans me l'avoir nommée,
Elle sera toujours ma fille, comme toi.
— Que n'est-elle une sœur!... Mais, si cette distance
Qu'établissent les rangs entre deux existences,
N'était pas au-dessous, mais au-dessus de lui?
— Que veux-tu dire ?... Ah viens! Sara, ma chère fille,
Son bonheur est celui de toute la famille :
Viens; je veux en savoir les secrets aujourd'hui.

Dans le fond du jardin d'humbles piliers de brique,
Soutenant une treille opposée au grand jour,
Ouvraient, dans les rosiers, un pavillon rustique,
Où la Grèce eût placé les autels de l'amour.
C'est là que vont s'asseoir, comme du temps d'Homère,

Avec simplicité, la fille avec la mère,
Pour que ces doux secrets leur deviennent communs.
Pleine d'impatience et de sollicitude,
Mais craintive, Sara commence sans étude
Son récit qui s'exhale au milieu des parfums.

— Lorsqu'au dernier printemps des louves égarées
Au milieu des frimats attardés sur les monts,
Vinrent remplir d'effroi ces paisibles contrées
Et nous faire trembler pour ceux que nous aimons,
Au plus fort des terreurs dont la route était pleine,
Il arriva qu'un jour, poursuivant dans la plaine
Un de ces animaux féroces, le chasseur
Entraîné sur sa trace et s'oubliant lui-même.....
— Ah ! malheureux enfant! dans cette ardeur extrême
Il oubliait sans doute et sa mère et sa sœur.

Mais, ensuite? — Il parvint jusques au parc immense
Des seigneurs de Cavour, dont le manoir charmant
Couronne cette étroite et rapide éminence,
Qui tire sa grandeur de son isolement.
Dans ses vastes jardins la louve furieuse
Se précipite; lui, plein d'une ardeur fiévreuse,
D'un seul bond l'a suivie. A ce bruit imprévu,
De dessous les berceaux sort une jeune fille,
Pâle et timide enfant que voilait la charmille;
Mais, à l'aspect du monstre en sa fuite entrevu,

Ses genoux fléchissant se dérobent sous elle ;
Une main sur ses yeux et l'autre sur son cœur,
Elle s'arrête, pousse un léger cri, chancelle
Et tombe évanouie au milieu de ses fleurs.
Au même instant, plus prompt qu'un éclat de tonnerre,
Un coup part, et le loup roule aux pieds de mon frère.
Mais lui, jetant son arme, accourt près de l'enfant;
Il a senti s'ouvrir les ailes de son âme
Pour s'élancer soudain vers cette jeune femme,
Qui de tout autre amour aujourd'hui le défend.

Près d'elle, tout ému, sa première pensée
Est de la secourir par des soins fraternels;
Et des fleurs, dans sa main, secouant la rosée,
Il rafraichit son front sous ces larmes du ciel.
Mais, tressaillant lui-même aux pieds de sa victime
Dont la grâce mourante en tous ses sens s'imprime,
Un nouvel être en lui semble se faire jour;
Les cieux se sont ouverts sur son âme ravie;
Et dans un seul instant mettant toute sa vie,
Dès ce premier regard, tout en lui fut amour.

Quelquefois cependant il rougit de ses chaines,
Comme si le devoir protestait dans son cœur;
Ou bien tout énivré d'espérances soudaines,
Il porte jusqu'au ciel l'éclat de son bonheur.
Puis, dans l'abattement sans forces il retombe,

Et, tel qu'un insensé, n'aspire qu'à la tombe.
—Quel est donc, ô mon Dieu ! l'objet d'un tel amour ?
— O ma mère, épargnez à mes lèvres sincères
La fille du plus grand de tous nos adversaires :
La perle du Piémont, Rosalba de Cavour.

— O ciel ! oh ! que dis-tu ! cela n'est pas possible.
— Cela n'est que trop vrai ! ma mère. — Mais comment
La fière jeune fille eut-elle été sensible
Au crime que ton frère eût commis en l'aimant ?
Y penses-tu, Sara ? La vierge catholique
Pourrait-elle s'unir au fils d'un hérétique ?
Et lui... mon Dieu, pardonne à son cœur égaré !
Espérerait-il donc de se rapprocher d'elle
Sans adjurer sa foi : lâchement infidèle
A ce Dieu, parmi nous, dès l'enfance adoré ?

—Ma mère, je me tais : mais vous voyez mes larmes,
Elles ont bien souvent coulé loin de vos yeux.
Je n'ai pu jusqu'au bout vous cacher mes alarmes :
Prêtez l'oreille encore, vous les comprendrez mieux.
— Mais comment se fait-il qu'un pareil téméraire,
Ait pu la captiver ? — Vous savez que mon frère
Du vicomte d'Anthile a, dit-on, tous les traits.
Rosalba fut trompée à cette ressemblance ;
Elle le prit pour lui : se livrant en silence
Au doux entraînement de ses penchants secrets.

— Qu'elle sache.... — Ah! plus tard, elle fut détrompée.
Ne pouvant l'accuser d'une innocente erreur,
Mais d'un trait trop profond, pauvre biche frappée,
Rosalba n'était plus maîtresse de son cœur.
Aujourd'hui, repoussant une lutte inutile
Elle sait qu'il n'est pas le vicomte d'Anthile,
Mais elle ignore encor ce qu'il est parmi nous:
Et le croit de son rang sans connaître sa race.
Lui-même, à ses genoux, lui disait avec grâce:
« Mes titres sont d'aimer et d'être aimé de vous! »

Ainsi, comme ils s'aimaient sans reserve ils s'aimèrent;
Se livrant les trésors de leurs cœurs ingénus,
A ce tendre abandon tous deux s'accoutumèrent,
Comme si dès l'enfance ils se fussent connus.
Chaque jour depuis lors, en ces lieux où ravie,
Elle dût à ses soins une nouvelle vie
Et comme un nouvel être à l'éveil de l'amour :
Rosalba le reçoit avec la paix d'un ange;
Et l'un auprès de l'autre ils goûtent sans mélange,
Un siècle de bonheur dans les heures d'un jour.

Quand Sara, de la sorte en parlait à sa mère,
Pleine à la fois, pour lui de crainte et d'intérêt :
Dans le parc de Cavour, oubliant sa chaumière,
Elysée était tout à ce qu'il adorait.
Lorsque l'on est heureux que le jour passe vite!

Il semble que le ciel lui-même nous invite
A mettre l'idéal dans la réalité;
C'est par l'affection que l'on peut le connaître :
Lorsqu'élevant notre âme au Dieu qui l'a fait naître,
L'amour nous fait rêver à l'immortalité.

FIN DU CHANT SEPTIÈME.

CHANT HUITIÈME.

BONHEUR ET ALARMES.

Notre cœur, au printemps, sur les branches fleuries
De ses illusions et de ses rêveries,
Porte aussi sa rosée, où tous les feux du jour,
Tous les prismes du ciel éclatent tour-à tour.
Mobiles diamants qu'un rayon fait éclore,
Et que bientôt après un rayon décolore;
Qui tombent sous le doigt de la réalité
Comme si leur splendeur n'avait jamais été ;
Et ne sont plus alors, pauvres perles brisées,
Qu'une larme de plus sur la terre embrasée.

Elysée et Rosalbe, aux jardins de Cavour,
Voyaient tout resplendir au soleil de l'amour.
Leurs mains, l'une dans l'autre à peine abandonnées,
Par d'invisibles nœuds semblaient être enchainées.
Leurs yeux, plus éloquents, plus tendres que la voix,
Semblaient se contempler pour la première fois.

— Oh! que je suis heureux! murmurait Elysée;
Si notre âme est la fleur, l'amour est la rosée.
— N'est-tu pas mon bonheur, ne suis-je pas le tien;
Et que nous manque-t-il si nous nous aimons bien?
— Qu'il est doux de s'aimer et doux de se le dire!
A l'éternel bonheur cela pourrait suffire.
— O seul ange d'amour digne de me charmer,
Pourrai-je vivre assez, pour assez vous aimer?
— Continue Elysée; oh! que j'aime à t'entendre.
Ton regard me plait tant et ta voix est si tendre.
Elle sait exprimer avec tant de douceur
Les mêmes sentiments que j'avais dans le cœur,
Que je crois dans le tien me retrouver encore
En entendant parler la bouche que j'adore.
— C'est que mon âme aussi n'est pleine que de toi.
— Oh! que l'âme au bonheur est vite accoutumée!
Mon seul besoin était d'aimer et d'être aimée;
Tout ce que je rêvais est maintenant à moi.
— Nul bonheur n'est complet que lorsqu'on le partage;
Je me crois dans le ciel lorsque je suis ici.
— Quel bonheur de mourir lorsque l'on s'aime ainsi!
— Ou de vivre plutôt, en s'aimant davantage;
De vivre l'un pour l'autre, en un calme ermitage,
A l'ombre des rosiers, au parfum des tilleuls,
Et, seuls dans l'univers, de l'avoir à nous seuls!
— L'amour est un rayon de l'éternelle essence;
Divin, il divinise aussi notre existence.
Lorsque l'on n'aime pas tout semble inanimé,

Et l'on n'a pas vécu quand on n'a pas aimé.
— Plus j'aime et plus je vis. Lorsque je t'ai quittée
De craintes sans objet mon âme est agitée;
Je ne pense qu'à toi, je redoute toujours
Quelque obstacle terrible à nos douces amours!
—C'est en vain qu'entre nous le monde s'interpose.
On ne peut séparer le parfum de la rose,
Ni l'attachement vrai du cœur qui le ressent;
Et plus on le combat plus il devient puissant.
— S'il fallait que jamais tu me fusses ravie!...
— Nous n'aurons qu'un amour comme on n'a qu'une vie;
N'est-ce pas, Elysée? — Oh! vivre c'est t'aimer!
Un tel feu divinise ou doit nous consumer.
Que n'est-tu toute à moi dans ces douces retraites...
Vous l'êtes, n'est-ce pas? Oh! dites que vous l'êtes,
Et qu'on a tout reçu quand le cœur s'est donné! —
Mais elle, d'un regard aussi pur qu'étonné,
A son insu, paisible, avec un doux sourire,
Loin d'avoir à rougir, l'arrêta sans rien dire;
Ce sourire était plein d'un si chaste abandon,
Si délicat, si tendre, et si noble et si bon,
Qu'Elysée à genoux se jeta devant elle
Comme s'il eût alors vu plus qu'une mortelle.
— Oh! que le ciel me rende un jour digne de toi!
Il t'a rendue un ange, ici-même pour moi.
En priant, à tes pieds, je ne puis que lui dire:
Eternise, ô mon Dieu! l'amour qu'elle m'inspire;
Et que, pour seul trésor, seule félicité,

Elle me soit laissée en l'immortalité !
— De ses doux souvenirs que l'âme y soit suivis!
— Aimer et faire aimer, voilà toute la vie;
Faire aimer c'est le bien, aimer c'est le bonheur :
Et lorsqu'on est heureux on doit être meilleur.
— Oh! je voudrais pouvoir combler de mes délices
Tous les cœurs de la terre; adoucir les cilices
De tant de pauvres gens qui souffrent près de nous;
Nos dons, faits en commun, leur paraîtront plus doux :
Car nous irons ensemble. — Oh ! oui : partout te suivre !
— Si tu cessais d'aimer, je cesserais de vivre.
Nos deux cœurs tellement ont su se pénétrer
Que pour les désunir, il faut les déchirer.
—Que n'ai-je le pouvoir de soumettre le monde
Aux vœux de mon amour, pour que tout y réponde!
Pour tout sacrifier à mon unique bien,
Ne conservant pour toi, qu'un titre égal au tien.
— Que m'importent mon rang, mon titre de comtesse!
C'est dans un noble cœur que je mets ma noblesse;
Et c'est toi qui me l'offre, et je sens en ce jour
Qu'on peut tout oublier sauf un premier amour !

Tout-à-coup un pas fier retentit sur les dalles;
Le bruit d'un éperon sonore, dans les salles
Et dans les corridors, aux larges pendentifs,
Apporte la surprise aux amants attentifs.

— Mon père est de retour! dit-elle, oh! quelle ivresse!
Il va connaître enfin vos vœux et ma tendresse;
Vous pouvez lui parler et lui dire.... Mais quoi!
Le mécontentement éclate dans sa voix.
A ce premier orage, Elysée, à sa vue
N'expose pas d'abord ta présence imprévue.
Son pas retentissant se rapproche de nous....
Ah! dans ce pavillon, mon ami, cachez-vous!
Il me cherche, il m'appelle, il est sur la terrasse.

— Mon père, me voici! — Viens! viens, que je t'embrasse
Ma fille, digne orgueil de ces nobles séjours!
Comment de ton exil se sont passés les jours?
La santé constamment t'a-t-elle été fidèle?
On ne jouit de rien si l'on ne jouit d'elle.
Et dans ce vieux manoir ne t'ennuyais-tu pas?
Aux fêtes de la cour je conduirai tes pas;
Car je reviens chargé de gloire et de puissance.
— Nulle fête ne vaut votre douce présence;
Mon père, demeurez plutôt auprès de moi.
— Je dois par ma valeur un triomphe à mon roi,
Et rigueurs aux proscrits. — Que parlez-vous, mon père,
De proscrits, de triomphe et de juste colère!
— Tu connais les Vaudois! Hors du culte romain,
Chez eux, chacun est pape une Bible à la main.
Sans marbres, sans autels, sans flambeaux dans leur temple,
De la rebellion donnant toujours l'exemple,
Ils répandent partout avec impunité

Leur infame hérésie et leur nom détesté.
Ah! depuis bien longtemps j'étais las de leur vie!
Aujourd'hui, c'en est fait, ma haine est assouvie,
Et je viens en un mot pour offrir aux Vaudois,
Ou l'exil, ou la mort, ou la messe, à leur choix.

Mais c'en est déjà trop là-dessus; viens, ma fille,
Que je jouisse en toi de toute ma famille.

Or, dans le pavillon, immobile, éperdu,
Sans les voir, Elysée avait tout entendu.
Longtemps pétrifié, morne, à la même place,
Son indignation douta de tant d'audace;
Mais le poids écrasant de la réalité
Retombant tout-à-coup sur son anxiété,
Ainsi que du bourreau la hâche inexorable,
Frappe inopinément le cou d'un misérable,
Il sentit un volcan s'allumer dans son cœur,
Et comme un coup de foudre éclata sa fureur.
— Ah! malédiction sur qui veut nous détruire!
Rome veut, dans le sang, étendre son empire:
Mais elle y tombera! Satan même est tombé,
Précipité d'un rang qu'il avait usurpé.
L'usurpateur impie, en descendant du trône,
N'abdique pas le crime ainsi que la couronne;
Son front sera marqué du signe de Caïn,
Et nos temps rougiront d'avoir touché sa main!

Puis, le cœur déchiré de sentiments contraires,
Hors de lui, s'élançant vers le toit de ses frères,
Il court les prévenir de cette trahison.
Mais des troupes déjà lui fermaient l'horizon;
Et dans un long retard jeté par leur présence,
Il vit devant ses pas se doubler la distance.
Déjà la nuit d'ébène, aux yeux de diamant,
Veillait sur nos sommeils du haut du firmament,
Et l'on entendait fuir, des glaciers aux campagnes,
Ces soupirs inconnus qu'échangent les montagnes,
Lorsqu'Elysée encore errait sur leur sommet,
Priant pour sa patrie et celle qu'il aimait.

Rosalba cependant, seule dans la chapelle
Du manoir paternel, où le soir la rappelle,
Prolongeait sa prière aux rayons du soleil,
Près de s'évanouir sur l'Almanzor (*) vermeil.
Là tenant en ses mains une blanche couronne,
Triste, elle était venue au pied de la Madone,
Chaste comme les fleurs, pure comme le jour,
Offrir l'oblation de son premier amour.

Dans ces murs, où le lierre esquisse ses tentures.
Il n'est point d'ornements ni de riches peintures;

(*) L'une des plus hautes montagnes vaudoises.

Mais d'antiques vitraux, par le temps émaillés :
Des figures de saints grossièrement taillés,
Portant des nids d'oiseaux dans leur giron de pierre :
Un bénitier sans onde, où neige la poussière :
Un parvis inégal, constellé de gravois;
Et, sur un humble autel un crucifix de bois,
Où l'on ne vient prier qu'à de rares dimanches.
Au fond de la chapelle, une volute blanche,
Pareille à la moitié de la coque d'un œuf,
Au frond de la Madone ouvre son cintre neuf.
Une lampe, à ses pieds récemment allumée,
Comme un voile d'azur fait monter sa fumée;
Et des festons de fleurs, aperçus au travers,
Quoique déjà jaunis paraissent encor verts.
Mais la grâce, à leur forme, est pour jamais ravie;
Ils n'ont plus de parfums, car ils n'ont plus de vie.
Ah! la vie et l'amour sont des présents du ciel!
Et lorsque leur espoir a trompé le mortel
Il les place au-delà de ce lieu de souffrances,
Qu'il sacrifie alors à d'autres espérances.

Rosalba doucement murmurait à genoux :
« Sainte Mère du Christ, Vierge, priez pour nous!
Fleur de toute vertu, que mon cœur glorifie,
Etoile du pêcheur, sainte vierge Marie,
Ah! recevez mes vœux pour qui reçut ma foi!
Anges, priez pour lui; Vierge, priez pour moi. »

Puis, songeant aux combats annoncés par son père :

« Oh ! les plus malheureux des enfants de la terre !
N'avons-nous pas assez de nos propres douleurs,
Pour entredéchirer incessamment nos cœurs ?
Dieu clément ! cachez-moi ces horribles supplices ;
Ces tourments que l'erreur réserve à ses complices.
On dit que l'hérésie est un arrêt de mort ;
Mais peut-être la leur s'ignorait-elle encor.
D'être privés du jour les yeux sont-ils coupables ?
Ne peut-on dessiller ceux de ces misérables ?
Ne sommes-nous pas tous les enfants du Seigneur ?
Que peut-on demander à qui donne son cœur ?
Oh ! recevez le mien, sainte vierge Marie ;
Ce n'est pas seulement pour moi que je vous prie :
Car vous avez souffert et vous avez aimé ;
Votre Fils a béni ceux qui l'ont blasphémé ;
Et du ciel, où la gloire aux douleurs se mesure,
Il ouvre encor ses bras à toute créature.

« Ah ! si la vérité pouvait, dans tous les cœurs,
Ainsi que la lumière arrive dans les fleurs,
Descendre également du ciel qui la vit naître,
Et que nul des humains ne put la méconnaître !
S'il était dans vos lois un précepte d'amour,
Pour toute âme, en tous lieux, aussi clair que le jour,
Le ciel même ici-bas trouverait sa patrie.

Mais peut-être mon cœur, abusé par ses vœux,
Met-il ainsi la terre à la place des cieux.
» Pardonnez-moi, Seigneur!... Et vous, Mère chérie,
Etoile du pêcheur, sainte vierge Marie,
Protégez votre enfant si faible dans la foi.
Anges, veillez sur lui! Vierge priez pour moi! »

FIN DU HUITIÈME CHANT.

CHANT NEUVIÈME.

L'ÉDIT ET LE CONSEIL.

Les Vaudois ont aussi leur maison de prière :
Humble asile à leurs fronts, quand l'esprit monte à Dieu;
N'offrant rien dans ses murs qui rattache à la terre,
Et détourne le cœur en captivant les yeux.
Temple modeste! et tel qu'il convient au village:
Sous la charpente nue, un simple carrelage ;
Des jours pour voir le ciel et des bancs pour s'asseoir;
Une petite table, au-devant de la chaire,
Où la Cène se fait, comme Christ dût la faire;
Et des lampes, dont l'œil ne brille que le soir.

C'est là qu'au prêche austère un bon peuple se presse :
Non point avec cet air de servile hauteur,
Cet ennui résigné, ces éclats de ferveur,
Qui de l'orgueil humain trahissent la faiblesse:
Ou ce recueillement qui semble une tristesse;

Mais, le sourire au front et la paix dans le cœur.
— Ne sommes-nous pas tous membres les uns des autres?
L'église doit-elle être un corps inanimé?...
—Pendant que ces chrétiens, dignes fils des Apôtres,
Se rendent, de la sorte, au culte accoutumé :

Du château de La Tour, nommé Sainte-Marie....
— Sur un lieu de carnage et de sang, se peut-il
Que la mère du Christ, qu'une vierge sourie! —
Sortent dix cavaliers au belliqueux profil.
Ils prennent le chemin de Sainte-Marguerite.
—Encore un nom de femme, au seuil d'une guérite!
Tels ces papes cruels, qui se nommaient Clément,
Pie, Innocent, Benoît : vivantes antithèses,
Et, du sac de Toulouse aux Pâques piémontaises...
— Mais, suivons ces soldats, entrevus un moment.

Par le chemin rapide et tout rempli de pierres
Qui conduit aux Copiers, on les voit, deux à deux,
Monter en ricannant vers ce lieu de prières
Où les Vaudois unis s'entretenaient des cieux.
Ces cavaliers disaient, dans leur grossier langage :
— Le marquis de Cavour n'entend pas badinage
Sur la religion! — Peste des réprouvés!
— Où diable ont-ils été nicher leur sacristie!
—S'il faut, dans ces rochers, engager la partie,
Nous serons sur les dents avant d'être arrivés.

— La balle ne peut rien contre les hérétiques.
— Il ne serait pas mal d'éprouver quelque peu,
Avec de bons mousquets, ces dons cabalistiques.
— Satan met ses suppôts à l'épreuve du feu.
On dit que sur leur corps les balles s'amortissent;
Et que, dans leur chemise, il vous les engloutissent
Comme au fond d'un jabot; pareils à ces voleurs
Qui, dans leur pectoral vont ramasser des prunes :
Ils s'en trouvent ensuite avoir quinze pour une,
Et nous en font gober de toutes les couleurs.

— Ne gobez pas du moins de pareilles histoires!
Ne nous disait-on pas que leurs petits garçons
Naissaient avec un œil et des dents toutes noires?
Et je n'ai jamais vu de plus frais nourrissons.
— Je ne crois pas sans doute à tout ce qu'on raconte;
Mais l'histoire est souvent à la base du conte ;
Et quoiqu'on ait voulu tout soumettre au compas,
Il est toujours des faits que l'on n'explique pas.
— Nous n'avons pas besoin de nous en rendre compte.
— S'ils cachaient cependant des piéges sous nos pas?

— Ma foi, c'est à nos chefs de prendre leurs mesures!
— Contre le sortilège il n'en est pas de sures.
— Bah! nous aurons du cœur pour les plus belliqueux.
— Sera-ce bien plus gai de périr avec eux?
— Il est beau, lorsqu'on meurt de revivre en sa gloire.

—Lorsqu'on a défunté, qui sait ce qu'on devient!
Mieux vaut vivre chez soi que vivre dans l'histoire.
Les combats ne sont beaux que lorsqu'on en revient;
Et l'immortalité d'un homme qu'on enterre,
Ne vaut pas quatre jours passés sur cette terre.

—Un grand cœur est toujours au-dessus du trépas;
Il se laisse briser, mais ne s'abaisse pas!
Et telle était votre âme, avant qu'on vit en elle...
— Avez-vous oublié la pauvre sentinelle
Qui naguères veillait sur le bastion du nord?
L'homme posté le soir, le matin était mort.
Dix jours consécutifs chaque factionnaire
Se tua de sa main sur ce bastion fatal.
Ne voyez-vous donc là rien d'extraordinaire?
— J'y vois l'effet commun d'un désordre mental,

Dont la cause pouvait être contagieuse.
— Mais elle n'en est pas pour cela plus joyeuse.
— Un homme est peu de chose auprès d'un régiment.
— Il n'est pas de limite aux puissance, occultes.
Derrière Prarustin, sont des terres incultes,
Où s'est passé jadis un autre évènement.
—En quel temps, s'il vous plait? —Du temps de Cattanée;
Une brigade entière avait pris ce chemin,
Pour aller de Saint-Jean, jusques à Saint-Germain.
Par un glaive inconnu, dans l'ombre exterminée,

Elle ne sortit pas de ces vallons maudits;
De quatre régiments il ne revint personne,
Et l'on n'a jamais su ce qui les a détruits.
Voyons! que dîtes-vous de cela ? — Je soupçonne,
Que par un embuscade ils ont été surpris.
—Vous feriez aussi bien de croire à la magie.
—Moi croire au sortilège!... — Et cette compagnie
Qu'en un temps plus récent l'on fit partir un jour,
Pour aller reconnaître un poste au Pra-du-Tour,
A-t-elle donc été détruite par surprise?

—J'ignore cette histoire; où l'avez-vous apprise?
—Aux quartiers, Sabrebleu! ces gens étaient venus
Sans rencontrer un chat jusqu'à ces tertres nus
Dont vous voyez d'ici les sommités tranquilles.
Il était déjà tard; ils s'assirent alors
Sur ces rochers désers, nommés Pause-des-Morts;
Mais loin que le repos les rendit plus agiles,
Ils semblaient devenir toujours plus immobiles.
Comme s'ils avaient fait corps avec le rocher,
D'où leurs membres raidis ne pouvaient s'arracher.

C'est en vain qu'à Luserne on attendit nos hommes,
On ne vit même pas revenir leurs fantômes;
Et quand, le lendemain, on alla les chercher,
Rien ne s'offrit à l'œil que des pierres énormes
Qui de corps tout tordus avaient encor les formes.

Qu'a votre scepticisme à redire à cela?
— Il faudrait être sur que l'histoire fut vraie.
— Plût à Dieu qu'elle fut la seule qui m'effraie!
— En savez-vous encor qui vaillent celle-là?
— Quand le duc Philibert montait en Pragela,

Au moment où sa troupe eut touché la frontière
Du pays des Vaudois, on vit, dans la poussière,
Les soldats enlevés comme par un grand vent,
Devenir en plein jour des fantômes vivants.
Ils fuyaient à travers les plis de la vallée
Comme un essaim d'oiseaux qui prennent leur volée;
Et le plus surprenant, c'est qu'en fuyant ainsi,
Ils perdirent leur forme, et prenaient à mesure
L'aspect de quelque bête étrange, la figure
D'un aigle, d'un dragon, d'un homme en raccourci:

Comme autant de sorciers, ou d'êtres fantastiques
Qu'on vit s'évanouir dans un vague lointain;
Et ces faits, m'a-t-on dit, sont des plus authentiques.
— Des tableaux si distants sont toujours incertains,
Et doivent leur puissance au vague qu'on leur laisse.
— Eh bien, tout récemment, le marquis de Pianesse,
Le père, assez connu, de notre Colonel,
N'alla-t-il pas trois fois avec ses gentilshommes
Et tout le régiment du comte de Revel,
Pour combattre, à Rora, ce hautain Janavel,

Qui le défit trois fois avec quinze ou seize hommes?
Pour que ce mécréant put le défaire ainsi
Il fallait bien qu'il eût quelque diable avec lui.
— En parlant de la sorte, à travers le bocage,
Ces cavaliers montaient au temple du village :
Petit hameau champêtre, épars de tous côtés,
En maison de campagne, humble, mais attrayante,
Dont la porte entr'ouverte et presque souriante
Offrait au voyageur, avec simplicité,
Un air de bienvenue et d'hospitalité.

Bientôt les dix chevaux piaffent devant le temple.
Les fidèles sortaient de l'office divin.
Nos hérauts, que le peuple en silence contemple,
Font résonner la voix de leurs clairons d'airain.
Puis, l'un d'eux, dépliant un large parchemin,
Lit un édit ducal, dont le texte, plus ample,
Disait dans son ensemble : « A partir d'aujourd'hui
» L'hérésie, en ces lieux, pour jamais est proscrite :
» Pour ne plus lui laisser d'asile qui l'abrite,
» Ces temples, dans trois jours, devront être détruits.

» Les ministres chassés, sous peine de la vie
» Pour eux, et pour tous ceux qui les accueilleront ;
» Les enfants en bas âge apportés, par série,
» Aux prêtres désignés qui les convertiront.
» Tous doivent abjurer : les pères et les mères,

» Sous peine, après huit jours, de huit ans de galères.
» Cependant, par clémence, il leur sera permis,
» Faute d'abandonner leur coupable hérésie,
» De quitter, dans vingt jours, le sol de la patrie
» Faisant vendre, en trois mois, leurs biens par des commis(*)

Après quelques instants de stupeur indécise,
Un murmure profond, un trouble incandescent
S'éleva dans la foule atterrée et surprise;
Puis l'indignation y mêla son accent.
La colère du peuple allait en grandissant;
On pouvait redouter des éclats téméraires.
Arnaud se lève et dit : Écoutez-moi, mes frères!
Dieu nous a commandé d'aimer nos ennemis,
De pardonner à ceux qui nous seraient contraires,
Les chrétiens, à ses lois, doivent être soumis.

Nous allons, en conseil, implorer ses lumières;
Le temple, encore ouvert, appelle vos anciens.
Soutenez leur esprit par d'ardentes prières,
Afin que Dieu lui-même opine avec les siens.
— La foule se retire agitée et craintive,

(*) Ces dispositions sont celles des édits du 31 janvier et du 9 juin 1686. Leur promulgation est censée avoir lieu ici vers la fin du mois d'août.

Les vieillards et les chefs prennent place au conseil.
— Voyez, reprend Arnaud, dans quelle alternative
Nous nous trouvons placés par un édit pareil.
Notre seule ressource est dans la Providence.
Que Dieu nous donne à tous un esprit de prudence !

« Sois avec nous, Seigneur, inspire nos projets ;
» Préside à nos conseils, rends-nous calmes et fermes ! »
— Isnel est le plus jeune et commence en ces termes :
Nous n'avons jamais eû de plus pressants sujets
De faire triompher les antiques franchises,
Dont nos pères martyrs ont doté nos Églises ;
Le droit et le devoir semblent d'accord ici.
Marchons résolument au but qu'ils nous désignent !
Abandonner un droit c'est s'en montrer indigne ;
Et défendre le nôtre est un devoir aussi.

— Ne mettons pas le but hors de notre portée,
Dit Rostagnol. Souvent on s'en est repenti.
Je doute que la lutte avec fruit soit tentée.
— Dans le doute, l'audace est le meilleur parti.
— L'audace, sans raison, n'est que de la folie ;
Nous ne sommes pas prêts pour la lutte; on oublie
La disproportion de nos bras et des leurs.
D'un souffle de leur force ils peuvent nous détruire.
— A ceux que Dieu soutient le méchant ne peut nuire.
— Mais ils ont une armée ! — Et nous avons nos cœurs.

— Les conseils d'un vieillard sont ceux de la sagesse;
Ils viennent des longs jours qui savent réfléchir,
Ajouta Rostagnol. — Et ceux de la jeunesse
Viennent des nobles cœurs qui savent s'affranchir!
— Calmez-vous, mes amis, dit le Pasteur; de grâce,
A la voix du pays que toute autre s'efface,
Afin que l'Éternel daigne nous secourir.
Soyons comme un faisceau que rien ne peut disjoindre!
Pour celui qui craint Dieu, l'homme n'est pas à craindre;
Ni la mort pour celui qui s'expose à mourir.

Ne précipitons rien. — C'est nous faire surprendre;
Lorsqu'on a rien a perdre, on peut tout entreprendre;
Et s'il nous faut combattre à quoi bon différer?
On ne discute plus quand la guerre s'avance.
— La guerre, dites-moi : n'ont-ils pas pris d'avance
Tout le temps nécessaire à nous la préparer?
C'est nous qui, maintenant, si la lutte s'engage,
Serions au dépourvu. Pour conjurer l'orage
Sans avoir rien à craindre on peut tout espérer.
— Qu'on en appelle au peuple, afin de s'éclairer!

— Appelons-en d'abord au Souverain lui-même.
— Ne s'est-il pas assez prononcé contre nous?
— Ah! s'écrie Avondès, c'est à l'Être Suprême
Qu'il faut en appeler, plutôt qu'au diadème.
Frères, l'épreuve parle et nous dit : à genoux!

Demandons au Seigneur, la paix par la prière.
— Pour conserver la paix soyons prêts à la guerre;
Soyons victorieux! fit l'énergique Odin.
Dussions-nous du monarque encourir la colère,
Mieux nous vaut le courroux encor que le dédain.

Notre défense est juste et Dieu la rendra forte.
— Et si nous périssons dans la lutte? — Qu'importe?
La boue est plus fatale encore que le sang.
— Ah! s'écria Montoux, d'un triste et noble accent,
Ni le sang, ni la boue.—Et quoi donc?—La sagesse.
Prévenir un danger n'est pas de la faiblesse;
Et fléchir à propos, c'est être plus puissant....
— Qui parle de fléchir, lorsque l'on peut combattre?
Reprend Odin, plus ferme et presque menaçant;
Qui veut consolider ce que l'on doit abattre?

Un pouvoir tyrannique est un pouvoir perdu.
Nous estimons à rien l'arrêt qu'il a rendu.
Combien d'autres édits, qui nous sont favorables,
Le prince n'a-t-il pas jurés ou fait dicter;
Ne les respectant pas, doit-on le respecter?
— C'est attirer sur nous des maux irréparables!
— Continuons de vivre où nous avons vécu;
Toute concession nous serait une tache!
On estime bien mieux un ennemi qu'un lâche;
Et celui qu'on croit faible est à demi vaincu.

— Rostan se lève alors. Son front porte les marques
Du temps, qui l'a courbé comme pour un adieu.
— Oubliez-vous, dit-il, les droits qu'ont les monarques?
Tout pouvoir qui subsiste est établi de Dieu,
Il faut que sous sa main les hommes s'humilient.
— Les puissances, Monsieur, par le ciel établies,
Et que l'homme, ici-bas, doit seules respecter,
Ce sont la vérité, le droit et la justice;
Hors d'elles, il n'est rien qui ne s'anéantisse :
Tout pouvoir qui les blesse a cessé d'exister.

— Quand le terme est certain, la lutte est inutile,
Reprit Rostan. Mieux vaut, ailleurs, en gémissant,
Transporter le flambeau sacré de l'Evangile,
Que le laisser ici s'éteindre dans le sang.
— Comment! nous exiler sans combattre!... s'écrie
L'impétueux Barral. Oublier la patrie!
Non, jamais, et pour moi, j'aimerais mieux mourir,
Me laisser, en morceaux, hacher devant ma porte,
Que d'y donner entrée à ces lâches cohortes,
Qui, le glaive à la main, viennent nous convertir.

— Quoi que fasse le Duc, ce ne sont pas ses armes
Que nous avons le plus à redouter ici :
Mais bien Louis XIV. — Au cri de nos alarmes,
Des secours étrangers nous parviendrons aussi.
— Les Etats protestants ne feront pas la guerre

Afin de mettre obstacle à qui veut nous la faire.
Il est trop de périls, et nous sommes trop loin.
— Eh bien, nous la ferons nous-mêmes, dit Ardoin.
Pour défendre nos toits, nos autels et nos frères,
D'un secours étranger nous n'avons pas besoin.

Le chrétien qui se trouve au point où nous en sommes,
Pour se soumettre à Dieu, doit résister aux hommes;
Et quoique nous réserve un avenir obscur,
Le parti le plus noble est aussi le plus sur.
Ne renvoyons donc pas de venger un outrage,
Plutot la foudre éclate et moins long est l'orage!
C'est aller au devant de nos adversités.
— Tant que l'on n'est pas mort, on peut lutter encore!
— C'est ainsi qu'on se perd, — C'est ainsi qu'on s'honore.
— Dieu nous dit de céder à la nécessité,

— Céder, encore armés, est-ce là notre rôle?
Dieu ne parlerait-il que pour nous ordonner
D'être indigne de lui, de fouler sa parole
Sous nos pieds d'apostat, prompts à l'abandonner?
— Frères, dit le Pasteur, en ces moments d'alarmes,
Tout est grave. Or, avant que de prendre les armes,
Il convient d'exposer, au Prince, nos griefs;
Et, pour mieux conjurer l'imminente tempête,
De recourir d'abord, par une humble requête,
Au droit, à la justice, au grand cœur de nos chefs.

— Le droit du loup-cervier! le cœur de la vipère!
Est-ce donc à cela que nous nous attendons?
La justice du ciel est celle en qui j'espère;
Elle nous soutiendra, si nous la défendons.
— Ah! puisqu'elle est pour vous, ne soyez pas contre elle!
Nous ne pouvons lutter sans paraître rebelles;
Evitons jusqu'au bout de répandre le sang.
— Celui qui capitule est bien prêt de se rendre.
— Pour avoir un succès, il faut savoir l'attendre,
Plus on a de réserve et plus on est puissant.

— Voulez-vous qu'on écoute une simple requête,
Alors que les édits ne sont pas entendus?
Lorsqu'on sera chez nous, en pays de conquête,
Nous voudrons, mais trop tard, nous être défendus.
— Il se peut néanmoins qu'on accorde à la grâce
Ce qu'on refuse au droit; et qu'après la menace,
Nous ayons un répit qui devienne une paix;
Si Dieu doit, contre nous, armer le diadème
Ce sera nous soumettre à sa volonté même
Que de combattre alors, plus fermes que jamais.

La requête fut donc incontinent dressée;
Puis, chacun, le cœur plein et l'esprit agité,
Regagna ses foyers. La famille empressée
Cherche à rendre à leurs fronts quelque sérénité.
Mais on sentait couver la tempête dans l'ombre;

L'âme était inquiète et le calme était sombre.
La prière du soir fut courte. Le Seigneur
N'en lût que plus de vœux dans les âmes émues.
Ainsi, lorsque l'orage appesantit les nues,
Il est plus de parfums dans le sein de la fleur.

D'un jour à l'autre ainsi, l'on voit les destinées
Briller ou s'assombrir sur l'avenir humain.
Il suffit d'un moment pour changer nos années;
Aujourd'hui nous surprend : qu'adviendra-t-il demain?
Qu'importe! le devoir n'a pas d'incertitudes;
Les Vaudois seront grands dans leurs vicissitudes.
De plus d'obscurité plus d'éclat peut sortir.
Surmonter le malheur, c'est le changer en gloire;
Et, quoique la fortune ait le pas dans l'histoire,
Au-dessus des héros sont encor les martyrs!...

FIN DU NEUVIÈME CHANT.

CHANT DIXIÈME

LA REQUÊTE.

Faire de l'Evangile un stérile mystère,
C'est dégrader le ciel, sans ennoblir la terre;
Demander à la foi de croire sans raison,
C'est mettre au même rang le baume et le poison.
Prêcher, le glaive en mains, la vérité divine
C'est vouloir renier sa céleste origine;
L'imposer comme un joug c'est la déshonorer;
C'est nous faire haïr ce qu'on doit adorer.

Pendant que les Vaudois préparent leur supplique,
La haine cléricale à les perdre s'applique;
Le fanatisme agit sous le nom de la foi.
La France subissait un égoïste roi,
Qui crut pouvoir sans doute, en gardant tous ses vices,
Racheter ses péchés par les vertus d'autrui;
Détruire l'hérésie ou l'attirer à lui
Par les appats de l'or, ou l'horreur des supplices.

Bref! dans son despotisme, à tout prix, il voulut
Par des conversions acheter son salut.
—Quels conseils suit-il donc? — Ceux d'une courtisane.
Qui du manteau royal a fait une soutane,
Et de l'agenouilloir un tardif marchepied,
Pour monter à ce lit, depuis trente ans souillé.
— Quelle voix en sous ordre, instruit la concubine
A ces trames de sang que l'Eglise combine?
— Celle d'un cœur hautain : servile adulateur
D'une reine impudique et d'un conspirateur.
— Qui l'inspire à son tour.—L'influence secrète
D'un monstre dont le corps est partout, et la tête
A Rome : qui, pareil au serpent sous les fleurs,
S'insinue en rampant aux plus grandes hauteurs:
Et dont l'ambition veut, en ceux qu'il captive,
Détruire l'âme, afin qu'un cadavre survive.

Voilà ceux qui soufflaient sur les persécutés
Tous les brandons des cours, par le vice excités ;
S'acharnant aux lambeaux des tribus réformés,
Qu'aux autels du papisme ils jetaient décimés.
—Ah! dans leurs dénûment, malgré les maux soufferts,
Plus douce leur était l'église des déserts,
Fuyant dans les rochers, ainsi que la colombe,
Pour fier à Dieu seul le secret de sa tombe!
-Plutôt que d'accepter ces superstitions,
Héritage confus de mille nations,
Qui laissèrent chacune un dépôt de souillures

A la Babel Romaine : ils couvraient leurs figures
Du voile de l'exil, et se rendaient ailleurs,
Afin de prier Dieu pour leurs persécuteurs.
— Mais comment se fait-il qu'on refuse un asile
A ceux qui ne voulaient que suivre l'Evangile?
— Tous les moyens sont bons, lorsque l'on fait le mal.

Près du duc de Savoie, un conseiller fatal,
Le Jésuitisme aussi, qu'un feu secret dévore,
Avait sa Maintenon, qu'on ignorait encore.
Puis, des ambitieux, de perfides flatteurs,
Cherchent à l'enchaîner par des nœuds corrupteurs:
Pour complice au plaisir espérant sa jeunesse,
Et comptant sa puissance à motif de faiblesse,
Leur Insinuatrice affilait les couteaux
En raillant la victime et flattant les bourreaux.
Démon qui se cachait sous les formes d'un ange.
C'était comme une fleur éclose dans la fange,
Une fleur dont l'éclat et les parfums subtils,
Recélaient cependant de perfides périls.
De bonne heure formée à la coquetterie,
Elle savait rougir et pleurer à son gré;
Initiée au mal par une étourderie,
Elle en fit une étude et devint, par degrés,
Un véritable artiste en fait de tromperie.
Le besoin de mal faire était son élément,
Une grâce timide, en tous ses mouvements,

Les rendaient onduleux, insinuants, faciles,
Doux et fascinateurs, comme ceux du reptile.
— La vipère, qui veut attirer un oiseau,
Se balance avec grâce au-dessus des roseaux ;
Elle a l'œil vif, les dents blanches, la bouche rose ;
Un pauvre roitelet auprès d'elle se pose ;
Il va de branche en branche, avance, pousse un cri,
S'éloigne, puis revient, vole, regarde, hésite,
Se rapproche anxieux et pourtant attendri,
Retrécissant toujours les cercles de sa fuite,
Jusqu'à ce qu'il succombe en proie au séducteur.
— L'attrayante Frigille, ainsi que ses pareilles,
Avait cet air calin, cet œil fascinateur,
Cette allure innocente et ses lèvres vermeilles.
Qui séduisent les sens pour captiver le cœur.
Froide, spirituelle, insensible, égoïste,
Sachant être, à ravir, grave, joyeuse ou triste ;
Se moquant de l'amour qu'elle faisait rêver,
Elle savait si bien feindre de l'éprouver,
Qu'en ce manège, même auprès d'un adversaire,
Elle réussissait à paraître sincère.
Mais le vice lui seul chez elle était réel :
C'était en elle, enfin, comme chez le faussaire,
Sous un art admirable, un affreux naturel.

Heureusement qu'alors le Duc, pour sa défense,
Eût un ange gardien qui veillait en silence ;

Une jeune orpheline, un enfant plein de cœur,
Qui, faible, protégea son puissant protecteur.
Elle était à cet âge où le front se colore
Pour la première fois d'une douce rougeur :
Et, si l'on eût pu dire, à l'aube de l'aurore;
Moment bien fugitif d'éclat et de fraicheur:
La nuit n'est déjà plus, le jour n'est pas encore.

Pénétrons, pour la voir, dans les murs de Turin :
Ville du saint suaire et du taureau d'airain.
-- On dirait, aux abords, un reflet de Versailles,
Tant elle offre à la fois, dans ses blanches murailles,
De régularité, d'éclat et de froideur.
Avec plus d'étendue elle a moins de grandeur;
Le vide et le repos élargissent ces rues
Qui, d'un peuple animé, ne sont point parcourues.
— Mais elle a son beau ciel, elle a son avenir,
Son génie éclairé qui peut tout obtenir ;
Elle a ses nobles cœurs, ses poétiques âmes,
Qui s'élèvent à Dieu sur des aîles de flammes;
Ses artistes, vantés de leurs contemporains;
Plus tard elle aura vu même des Souverains,
Forcer la liberté de défendre le trône,
Et plutôt que sa gloire, abdiquer leur couronne,
— Un antique château, que reliaient alors
Des travaux de défense aux bastions du dehors ,
Au milieu d'une place étroitement murée,
Offrait alors des cours la royale livrée.

Dieu, souverain des rois, y mit avant le temps
Un sceptre séculaire en des mains de vingt ans ;
C'est le duc de Savoie; on respecte en silence
Son antique lignée et sa jeune puissance.
Mais, soumis à regret à des rois plus puissants,
Comme autour du soleil des astres moins pesants
Gravitent entraînés, il est, dans leur orbite,
Jeté fatalement en faible satellite.
En vain, pendant deux ans, le duc avait lutté,
Il lui fallut céder à la nécessité.
Nos toits furent frappés des foudres de Versailles.
Contenant leur douleur, grosse de représailles,
A la cour de Turin, paraissent les Vaudois.
Graves, silencieux, ces hommes d'autrefois,
Modestes campagnards au costume sévère,
Commandent le respect du sein de leur misère.

Le doyen des pasteurs, vieillard au cheveux blancs,
Vignaux, s'avance et dit : « Sire, (*) depuis mille ans
» Nous habitons en paix le sol de nos ancêtres.
» Ils furent, comme nous, dociles à leurs maîtres;

(*) Victor-Amédée II n'avait pas encore reçu à cette époque le titre de roi, mais il le prit plus tard. Le titre qu'il portait alors était celui d'*Altesse-Royale*. Il était permis à la poésie d'employer, pour plus de variété, ces diverses qualifications.

» Quels qu'aient été sur lui de mobiles pouvoirs.
» Notre peuple est resté fidèle à ses devoirs;
» C'est le fruit le plus doux de notre ministère,
» Après celle de Dieu, qu'aurions-nous sur la terre
» De sacré, si ce n'est la parole des rois?
» Celle de vos aïeux a garanti nos droits,
» Sire, et pour votre sang prêts à donner le nôtre,
» Les Vaudois, à leur tour, ont défendu le vôtre,
» Lorsqué, par l'anarchie, aux sentiments ingrats,
» Le trône menacé fut sauvé par nos bras.
» Ah! faut-il aujourd'hui qu'à nos vertus guerrières
» On conteste le droit des paisibles prières?
» Faut-il, en votre nom, nous voir anéantis
» Au mépris des traités, par ce nom garantis;
» Et que les ennemis de votre propre gloire,
» Avec nos larmes, sire, écrivent votre histoire?
» Quelle fatalité, féconde en attentats,
» Vous force à dévaster vous-mêmes vos Etats;
» A dépeupler le sol qui nous avait vu naître;
» A lui ravir des bras dévoués à leur maître;
» A chasser loin de vous de fidèles sujets
» Qui n'ont à ces rigueurs jamais donné sujet?
» Le trône s'en indigne!... Ah! sire, notre race
» Pourrait crier justice, et vous demander grâce!
» Grâce pour notre peuple, en but aux coups mortels
» Qui menacent déja nos toits et nos autels;
» Grâce pour nos enfants!... et pour les vôtres, Sire,
» Ah! daignez révoquer l'édit qui les déchire:

» Et vous aurez en eux un bataillon sacré,
» Et tout cœur bénira votre nom vénéré,
» Qui, pour eux, aura su, redoutable et propice,
» Être juste en sa force et fort en sa justice. »

Courbant son jeune front rêveur et soucieux,
Le Duc, quelques instants, resta silencieux;
Puis, relevant la tête, il dit au patriarche,
« Allez! vers vos hameaux reprenez votre marche,
» Et lorsque, sur ce point, nous aurons médité,
» Vous y serez instruit de notre volonté. »
A peine les Vaudois quittaient-ils sa présence,
Qu'auprès de lui parut l'ambassadeur de France.

— Votre Altesse Royale aurait-elle oublié
Lui dit-il, les desseins d'un auguste allié :
Qui, marchant jusqu'ici de victoire en victoire,
Dans un commun triomphe appelle votre gloire.
En est-il un plus beau, pour de telles grandeurs,
Que d'élever l'Eglise aussi haut que vos cœurs?
Et quelle place, au ciel, vous réservera-t-elle,
Ayant dû la première à votre double zèle!
L'hérésie a toujours menacé le pouvoir;
La sagesse de Rome a bien su le prévoir.
La liberté, cédée à l'humble conscience,
Veut envahir bientôt toute notre existence.
Plus on lâche la bride au cheval emporté

Et plus.... Tel est le peuple en fait de liberté!
Déjà Louis XIV a su, dans ses provinces,
Relever le pouvoir des prélats et des princes;
D'après ce qu'il a fait, et qui s'est publié,
Voyez ce que doit faire un fidèle allié.
Car vous ne pensez pas que ce monarque auguste,
Ayant mis tous ses vœux en un dessein si juste,
Puisse souffrir encore, après tant de combats,
Auprès de Pignerol, au seuil de ses Etats,
Ce repaire insolent des Vaudois infidèles,
Au roi, comme à l'Eglise, incessamment rebelles.

Le jeune duc alors, en souverain prudent,
Rassura de Louis le digne confident;
Puis, voulut consulter son grand-référendaire,
Des destins de l'Etat avec lui solidaire.
Le conseiller parut, — Altesse, lui dit-il,
Cette question grave est pleine de périls.
D'un côté, près de vous, tonne Louis XIV,
Et nous ne sommes plus au temps de François Sforze,
Qui, contre Louis XI, étendant ses succès,
De Nice au Mont-Cenis limita les Français.
Les Vaudois ont pour eux un privilège antique,
Et, pour tout dire enfin, la saine politique
Défend, en plein paix, d'appauvrir de son sang
L'Etat, dont cet édit va déchirer le flanc.
Il faudrait ménager les partis en présence,
Et sauver les Vaudois sans irriter la France.

Si cela ne se peut, sire, l'on aurait tort
De ne pas se ranger au parti du plus fort.
En péril de tout perdre, un Etat se démembre,
Et, plutôt que le corps, on sacrifie un membre.

Indécis, ignorant encor ce qu'il fera,
Le jeune duc répond qu'il en avisera.
Puis, saluant du geste et lassé des affaires,
Dont le trouble s'accroît par ces débats contraires
Il rentre, tout pensif, dans ses appartements,
Espérant y trouver quelques délassements.

Une jeune beauté, par son ordre appelée,
Prompte comme l'oiseau qu'on rend à la volée,
Mais entraînée à lui sur les ailes du cœur,
Accourt comme une fille, une amante, une sœur :
Belle de ces rayons, partis du fond de l'âme,
Qui, sous des traits d'enfant, montrent déjà la femme.
— Aladine, dit-il, ma fille, embrassez-moi!
Quand je suis près de vous je cesse d'être roi.
Depuis que, vers Fruzasc, je vous ai rencontrée,
Pauvre petite fée, en pleins bois égarée,
J'ai tous les jours été plus heureux de vous voir.
J'oublie, auprès de vous, les soucis du pouvoir;
Et je me sens revivre, avec votre jeunesse,
Comme si je n'avais jamais eu de tristesse.
— Et moi, je suis plus triste en venant près de vous.

— Ce n'est pas là, ma belle, un compliment bien doux.
— Si je vous aimais moins, je serais plus flatteuse.
C'est de votre pouvoir que mon cœur est jaloux.
—Quoi! Dina, par hazard, seriez-vous orgueilleuse?
—Oui, je le suis pour vous! Je vous voudrais si grand,
Si bon, si magnanime, et si juste pourtant,
Que ce cœur est navré, lorsqu'à votre couronne
On arrache un fleuron des vertus qu'il vous donne.
—En quoi, chère Aladine, avez-vous pu souffrir
De ce qu'on m'a vu faire, et dont j'aie à rougir?
—Trouvez-vous, dites-moi, qu'il soit bien honorable
D'écraser, sans motif, un peuple misérable;
Un peuple dévoué, qui vous a défendu,
Et sans qui Mondovi, peut-être, était perdu?
— Sans motifs, dites-vous! L'Europe, dans les transes,
Est presque à la merci de mon cousin de France
Qui commande, en Piémont, jusques sur Pragela.
—Ah! le gentil cousin que vous avez donc là,
Et les nobles motifs qu'admet votre grande âme!
—On peut parler ainsi lorsqu'on n'est qu'une femme.
—Quel bonheur trouvez-vous à voir des malheureux,
Vous qui fûtes pour moi si bon, si généreux?
Laissez, comme il l'entend, régner le roi de France,
Et ne l'imitez pas dans son intolérance.
N'est-il pas bien plus noble, et plus digne de vous,
De fixer le bonheur et la paix parmi nous?
—Pour maintenir la paix, je m'expose à la guerre,
— C'est à vos conseillers que vous devriez la faire.

— Voilà donc un objet digne de ma valeur!
—J'abhorre l'injustice et je plains le malheur.
—Puis-je sacrifier mes Etats aux vallées
Que depuis si longtemps l'hérésie a troublées?
—Etes-vous prince, ou non? Je m'étonne de voir
Qu'on puisse être si faible avec tant de pouvoir.
—Je m'étonne, à mon tour, de l'intérêt qui brille...
—En frappant les Vaudois, vous frappez ma famille.
Ne le savez-vous pas? — Mais la connaissiez-vous?
— Je sais que je suis née en leurs séjours si doux.
— Vous en avez été, de bonne heure, enlevée.
— Et c'est dans un couvent que je fus élevée;
Mais, comme je parlais toujours de mes parents,
On voulut me punir; et je m'en suis enfuie,
Espèrant auprès d'eux pouvoir passer ma vie :
Car mes jours ne pouvaient leur être indifférents.
— Et vous avez été par moi-même accueillie.
— Je ne suis pas ingrate : et vous le savez bien!
Que n'êtes vous aussi le généreux soutien
De ces pauvres Vaudois! Faut-il que l'on dépeuple,
Un pays qui vous est dévoué? quand, surtout,
Rien n'est plus beau que d'être, envers et contre tous,
Le gardien de l'Etat et le père du peuple?
—Eh bien, je vous serai soumis comme un amant.
—Non : soyez libre et fier; prince auguste et clément!
Victorieux, aimé du ciel qui m'a guidée,
Et méritez le nom de Victor-Amédée.
—Lorsque j'aurai vaincu vos caprices d'enfant,

Lorsque vous sourirez, je serai triomphant.
—Ne faites pas un jeu de ce qui fait ma peine!
Sachez agir en roi.—Soyez alors ma reine.
—Ce badinage est triste, et loin de m'inspirer
Un expansif sourire, il me ferait pleurer.
— Si je savais pourtant, m'a dit votre insistance
Déployer mon pouvoir avec indépendance :
C'est-à-dire en suivant les vœux de votre cœur,
J'aurais eu plus d'amour, et vous plus de bonheur.
— Cela ne vaut-il pas un peu de complaisance?
— Petite impérieuse!... Ah! si j'étais certain
Que rien ne désunit jamais notre destin!...
— Oh! je veux, avec vous, passer toute ma vie,
Rendre la vôtre, même au ciel digne d'envie;
Au prix de mon bonheur, vous voir toujours heureux,
De vous-même, surtout, toujours victorieux.
Vous couronner de fleurs, par mes mains enlacées;
Vous servir à genoux, deviner vos pensées;
Que dirai-je de plus qui vous agrée? Enfin
Je serai tout, pour vous : sylphe, fée ou lutin;
L'orpheline sans nom, si cela peut vous plaire.
Seulement, demeurez mon ange tutélaire;
Et, si vous me gardez encore un peu d'amour,
Sachez m'aimer en ceux qui m'ont donné le jour.

Disparue à ces mots, le Duc l'écoute encore;
Il subit auprès d'elle un charme qu'il ignore.

Il comprend qu'un tel cœur ne puisse concevoir
De ses raisons d'Etat le barbare pouvoir.
—Au reste, se dit-il, que perd-t-on pour attendre?
J'ai publié l'édit : mais je puis le suspendre.
Louis verra déjà, d'un œil plus satisfait,
Ce que j'ai voulu faire, en tout ce que j'ai fait.
J'épargne, en attendant, des peuplades fidèles;
Et, s'il faut en venir à des rigueurs nouvelles,
Elles sembleront moins émaner de mon cœur.
Longtemps de cette idée il pèse la valeur;
Puis, il fait près de lui pénétrer en silence,
Deux émissaires sûrs : Alméras et Fulgence ;
Serviteurs dévoués, qui l'avaient vu grandir,
Et servaient ses desseins sans les approfondir.
—Au milieu des Vaudois, rendez-vous tout de suite;
Dites-leur, sans pourtant engager ma conduite,
Que leur culte, au dehors, demeurant interdit,
Ils paraissent se rendre aux ordres de l'édit;
Mais qu'en un temps prochain, sans qu'ils fassent d'instances,
Leur sort pourra changer avec les circonstances.

Puis, cherchant Aladine, il veut la rassurer;
Et la trouve au jardin, s'y cachant pour pleurer.
—Que vos beaux yeux, dit-il, interrompent leurs larmes,
Ayez, s'il est possible, encore plus de charmes,
Redoublez d'abandon, de grâce et d'enjoûment,
Car je vous aime en frère et j'agis en amant.

—Alors, moitié craintive et moitié curieuse,
Toute peinée encor, pourtant déjà joyeuse,
Elle leva vers lui son visage charmant.
Sur les cils longs et noirs, qui bordaient sa paupière,
Quelques larmes tremblaient, en perles de lumière,
Comme si de nos pleurs la source était au ciel.
Souvent la larme ainsi, se change en étincelle,
Et devient sur la fleur une goutte de miel,
La rendant à la fois plus suave et plus belle.
—Sans oser lui rien dire, elle l'interrogeait
D'un regard plein d'amour et de reconnaissance.
Lui-même se sentait heureux de sa clémence.
—Ne craignez plus, dit-il, ce qui vous affligeait,
L'avenir, aux Vaudois, permet toute espérance.
—Oh! que vous êtes bon, s'écria-t-elle alors,
Et combien je vous aime!—Et ses naïfs transports
Eclataient en élans de joie et de tendresse,
Dont rien n'eut égalé la délicate ivresse.
C'est qu'en elle régnaient l'innocence et l'amour,
Si rarement unis; et surtout à la cour.

Telle, aux yeux de la biche, une larme échappée,
Du chasseur, sur les daims, a désarmé l'épée;
Tel, peut-être, Numa, dut-il, dans sa grandeur,
A de tendres conseils, sa gloire et son bonheur.

CHANT ONZIÈME.

L'AGRESSION.

Déjà les envoyés de Victor-Amédée
Ont, à son blanc profil, reconnu Pignerol :
Assise sur un roc, d'où sa robe brodée
De tours et de créneaux, ondule sur le sol,
Qui relève l'éclat de sa fière parure,
Par des bouquets de fleurs et des nœuds de verdure;
Elle unit l'opulence à la simplicité;
C'est une noble fille, exilée aux campagnes :
Son teint pur a déjà la fraicheur des montagnes,
Sa tournure élégante est celle des cités.

Ville, moitié rurale et moitié militaire.
Dans ses prisons gémit l'homme au masque de fer,
Dont la vie et le rang sont encore un mystère :
Episode inédit du chantre de l'Enfer.
Louis n'aurait-il pu régner qu'au prix d'un crime?

Ah ! le tigre affamé déchire sa victime
Et dort; l'homme la tue, et poursuit ses plaisirs.
Parfois, même, l'Eglise, en sanglante complice,
Rachète nos remords au prix de sa justice;
Et, pour des assassins, prodigue des martyrs.

En voyant dans ces murs une armée étrangère,
Etaler son oisive et brutale gaîté,
Le cœur des Piémontais amèrement se serre.
Sous l'affront, quelquefois, grandit la dignité;
Ils passent plus altiers et gardent le silence.
Mais, voilà qu'à leurs yeux, s'offre un ami d'enfance;
L'amitié nous est douce alors que nous souffrons.
C'est le marquis d'Orsade. Autrefois, en Espagne,
Ils avaient fait ensemble une courte campagne,
Moins féconde en lauriers qu'en myrtes sur leurs fronts.

—Ah! faut-il se quitter, quand à peine on s'embrasse!
Venez, jusqu'à La Tour, chevaucher avec nous.
— Que j'obtienne un congé du commandant de place...
Je cours le demander, et je pars avec vous.
— Tout à ces amitiés, soudain renouvelées,
Ainsi qu'aux Sierras, ils iront aux vallées.
Les voilà sur la route, animés et joyeux,
Causant, caracolant, et, comme leur monture,
Laissant leur entretien courir à l'aventure,
La bride sur le cou, vif et capricieux.

Déjà de Briquéras les collines franchies
Laissent apercevoir, aux nobles cavaliers,
Les rives du Pélis, tièdement rafraichies,
Où s'offrent, des Vaudois, les toits hospitaliers.
Là sont de blancs chalets, des cassines dorées,
Aux parois de maïs, trésor de ces contrées,
Qui, s'épanouissant en splendide éventail,
Donnent, quand le ciel brille, aux granges villageoises,
Le luxe oriental de ces maisons chinoises,
Dont les murs sont de laque et les tuiles d'émail.

— Voyez, dit Almiras, quels sites poëtiques
La Suisse et l'Italie ont ici confondus!
Dirait-on que ce soit un pays d'hérétiques?
— C'est toujours dans l'Eden qu'est le fruit défendu.
En devisant ainsi, nos guerriers diplomates,
Venus pour visiter ces modestes pénates,
Sans paraître investis d'un titre officiel,
Montent, d'un pas tranquille, au calme presbytère
D'où le Modérateur, tout à son ministère,
Dirige son Eglise en s'occupant du ciel.

La mère de famille y règne en son absence.
Elle vient au devant des jeunes voyageurs,
Qu'à l'ombre de son toit conduit la Providence,
Sans se douter qu'il s'ouvre à des Ambassadeurs.
C'est la simplicité d'une hôtesse d'Homère.

Sara, qui s'est rendue à l'appel de sa mère,
Joint à ce doux accueil des soins toujours nouveaux.
Les nobles étrangers s'étonnent de sa grâce;
Son aisance les gagne; et, par degré, s'efface,
La contrainte des cours, ignorée aux hameaux.

Pour eux, avec gaîté, la table est disposée
Devant une fenêtre où grimpe le jasmin.
La corbeille de fruits, auprès d'eux, est posée.
La villageoise étend une nappe de lin
Sur le noyer, veiné comme le palissandre;
Dispose les couverts, bien polis par la cendre;
Et, pour dissimuler ces soins hospitaliers,
Adresse, chaque fois qu'elle entre ou se retire,
Quelques mots bienveillants, qu'accompagne un sourire,
A ses hôtes, admis aux lares familiers.

Des œufs frais, cuits au point que leur coque renferme
Un lait tiède et moëlleux autour d'un globe d'or,
Préludent au repas, où la chardousse (*) en germe
Leur offre un mets choisi qu'ils ignoraient encor.
L'humble pomme de terre, en sa robe grisâtre,

(*) Nom vulgaire de la *carline à feuilles d'acanthe*.

Qui conserve la teinte et la chaleur de l'âtre,
Avec le beurre frais, est servie à son tour.
Le persil, le cerfeuil, la fine ciboulette
Aromatiseront la vulgaire omelette
Dont l'olive et le feu vont dorer les contours.

La châtaigne, qui donne un goût plus agréable
Au fromage vieilli comme au vin généreux,
Annonce le dessert à cette simple table,
Qui ne peut recevoir que des fruits savoureux :
C'est la poire fondante et la figue qui pleure —
Celle où brille une larme est toujours la meilleure!
La pèche où d'un sourire éclatent les couleurs;
Puis le rayon de miel, mosaïque en coroles :
L'ambre fluide et pur, coulant des alvéoles,
Semble sortir encor du calice des fleurs.

— Soyez les bien venus, dans mon humble demeure,
Dit Arnaud, de retour, en leur tendant la main:
Goutez-y le repos dont se rapproche l'heure,
Et puisse-t-elle encor vous retenir demain.
—Nous vous devons déjà trop de reconnaissance,
Et nos instants sont courts, lui répondit Fulgence.
Un tel accueil, sans doute, ici nous retiendrait
Si, dès ce soir déjà, loin de votre ermitage,
Nous ne devions ailleurs poursuivre ce voyage
Qui, pour vous-même aussi, n'est pas sans intérêt.

Le pasteur s'inclina. —Faites dire à vos frères
Qu'au sein de leurs foyers abritant leurs prières
Ils paraissent se rendre aux ordres de l'édit;
Mais que, pour l'avenir gardant leurs espérances,
Bien que leur culte, reste au dehors interdit,
Leur sort pourra changer avec les circonstances.
—Est-il vrai! s'écria le pasteur radieux :
Nous ne quitterons pas cette terre chérie,
Sans perdre, en abjurant, la céleste patrie,
Nous pourrons conserver celle de nos aïeux,

Oh! qui que vous soyez, que le ciel vous bénisse!
Nos Vaudois, de leurs champs, ne seront point exclus;
Et c'est vous qui daignez nous rendre ce service....
—C'est de plus haute part; n'en demandez pas plus.
Puis, les trois voyageurs s'éloignent des vallées,
Du château de Cavour ils suivent les allées.
Rosalba, sur sa harpe, épanchant les langueurs,
De son âme inquiète, était, rêveuse et belle,
Sur un balcon de pierre, auprès d'une tourterelle,
Où du soleil couchant ruisselaient les splendeurs.

—Quelle est, dit Almiras, la jeune chatelaine
Qu'on voit, comme une fée, en ce brillant manoir?
Sa harpe, dont j'entends l'harmonieuse haleine,
Semble une voix du ciel saluant ce beau soir.
Sur les pilastres noirs, voyez, elle se penche,

On dirait, aux replis de son écharpe blanche,
Des ailes de colombe allant prendre l'essor.
Fulgence! qu'elle est belle: et quel charme m'attire?
Hâtons-nous d'arriver. Mais elle se retire.
Peut-être, dans ces murs, la verrons-nous encor.

Le Seigneur de Cavour, pour fêter leur venue,
A de nouveaux banquets les invite à s'asseoir.
L'heure s'est écoulée, et la nuit est venue,
Sans qu'à leurs entretiens ils songent à surseoir.
Le mouvement, le bruit, et les coupes remplies,
Les ramènent au temps des joyeuses folies.
La nuit a déjà fait la moitié de son cours,
Qu'au milieu des récits de leurs premiers délires
Des antiques flacons et des jeunes sourires,
A de nouveaux plaisirs ils s'animent toujours.

—Le sérail, dit l'un d'eux, vaut mieux que la mosquée!
—Et l'hôtel de Cavour, mieux qu'un toit de pasteur.
—Mais Sara, mon ami, l'avez-vous remarquée?
Quelle grâce céleste et quels yeux enchanteurs!
C'est vraiment le profil de la Vénus antique.
— Oh! s'écria d'Orsade, oh! la belle hérétique!
— Tu te déciderais peut-être à servir Dieu,
Pour ramener à nous la jolie infidèle.
— Je voudrais, cher marquis, me damner avec elle;
Car elle vaut le ciel! reprit-il avec feu.

— Quel dommage qu'hier, sous le toit de son père,
Nous ne soyons venus qu'en messagers de paix ;
On eut pu l'enlever sous prétexte de guerre.
— Eh quoi ! fit de Cavour, de semblables hauts faits
Sont toujours de plein droit pour des gens de bataille,
D'ailleurs, on est en guerre avec cette canaille.
Et, puisque nous voilà sur la fin du dessert,
Cela nous distraira. La nuit est avancée :
Partons ! au point du jour notre troupe est placée
Autour du presbytère ; agissons de concert !

Dès qu'au bord de son nid paraîtra la colombe,
(Car ses premiers ébats l'amènent au jardin)
Pompt comme l'épervier, l'heureux d'Orsade y tombe
Et, sur un bon cheval, nous l'emmenons soudain.
— Ce projet, au travers du prisme de l'ivresse,
Parut des plus charmants à la jeune noblesse.
— A cheval ! à cheval ! s'écrièrent-ils tous.
D'Orsade est le premier. La séduisante image
De Sara, le remplit d'un imprudent courage.
Le danger d'un triomphe en rend l'espoir plus doux.

Tous les quatre, bientôt, inclinés sur la selle,
Du geste et de la voix excitent leur coursier.
Sur le chemin poudreux les cailloux étincellent
Aux coups précipités de quatre ailes d'acier.
Entourés de poussière, ainsi que de blancs voiles,

Ils paraissent voler, au milieu des étoiles,
Comme dans un nuage. Et s'animant toujours :
— En avant! mes amis; à nous les aventures;
La gloire, le plaisir, les joyeuses captures!
A nous votre odalisque, avant l'aube du jour.

Sara goûtait alors ce sommeil sans mélange
Que donnent le bien-être et la sérénité,
Abritant son beau front sous les ailes d'un ange,
Qui veillait, invisible, à sa virginité.
Pure comme un enfant, belle comme une femme,
L'éclat de la jeunesse, et la paix de son âme,
La revêtaient d'un charme égal à sa candeur.
Moins pure est aux déserts la blanche tourterelle
Qui, sur ses yeux fermés, épanouit son aile
Où l'on voit palpiter les frissons de son cœur.

Mais, sous le même toit, tel n'était pas son frère,
L'inquiète insomnie agitait ses esprits;
Mille appréhensions, mille projets contraires,
S'élevaient dans son cœur, l'un par l'autre détruits.
D'où vient le vague effroi qu'inspirent les ténèbres?
Par intervalle, au sein de ces ombres funèbres,
Passait de Rosalba le lumineux profil.
— O perle de mon cœur, astre de mon aurore,
Dans quel sombre avenir vais-je te perdre encore!
Sera-ce le supplice, ou la mort, ou l'exil?

Non, non! point de repos quand l'âme est tourmentée,
En course! — Et, s'élançant de sa couche agitée,
Il ouvre sa fenêtre aux fraicheurs du dehors.
— Oh! que cet air des champs dilate ma poitrine!
La nuit, la liberté, les vents de la colline,
Quel bonheur! Jouissons au moins de leurs trésors.
Mais Rosalba peut-être à mon souvenir pleure;
Que d'amertume unie aux douceurs de l'amour!...
Ces zéphirs matinals ont touché sa demeure;
Ces parfums sont venus de son noble séjour.

Et, rêveur, il contemple, à sa fenêtre ouverte,
Les trésors pâlissants du silence étoilé;
Les ombres, dont la terre est encore couverte,
Et les sommets de neige à l'horizon voilé.
Son front se rafraîchit, son âme se repose;
Et, comme les parfums s'exhalent de la rose,
La prière, à grands flots, déborde de son cœur.
Puis, plus calme et plus fort, par l'humilité même,
Il s'apprête à gravir ces montagnes qu'il aime,
Avec l'arme éprouvée et le sac du chasseur.

Sortant d'un pas discret, pour n'éveiller personne,
Sur la porte, entr'ouverte, il s'arrête un instant.
Un chien de noble race à ses côtés frissonne;
Au lieu de ces transports qu'il montrait en partant,
L'animal, inquiet, rôde et flaire aux campagnes.

—Bientôt d'autres chasseurs, descendus des montagnes,
Ont rejoint le jeune homme au rendez-vous commun.
—Qu'a donc, lui disent ils, votre chien qui s'attarde
A l'entour de vos murs? Il aboie, il regarde,
Et semble, dans ce bois, nous dénoncer quelqu'un.

Tout à coup un éclair, un bruit d'arme, une balle,
Eveillent brusquement les échos endormis;
Le chien tombe frappé. Son âme, qui s'exhale,
Passe toute en ses yeux tournés vers ses amis.
Les jeunes montagnards, prompts comme l'avalanche,
Comme un éboulement, qui dès longtemps se penche,
Comme des loups-cerviers à leur gîte attaqués:
D'une course pareille à l'ombre du nuage,
Qui descend les coteaux sous un souffle d'orage,
S'élancent au danger qui leur est indiqué.

Ils ne s'étaient rien dit, mais la même pensée,
Instinct impétueux d'un cœur déterminé,
Comme un choc électrique, en eux était passée.
Le massif de verdure, à l'instant, fut cerné.
Dans ses plis ténébreux, des armes resplendissent;
Deux détonations, coup sur coup, retentissent.
Les glaives sont tirés; le couteau des chasseurs
Etincelle en leurs mains. Des cliquetis d'épée,
Des injures, des cris, des voix entrecoupées;
— Canaille de Vaudois! — Infâmes agresseurs!

Et d'un rude conflit le sol même tressaille;
Mais le pas d'un cheval fuyant au grand galop
A travers les sillons, les prés et les broussailles,
Couvre le bruit des voix sans trahir le complot.
Un funèbre silence a suivi ce tumulte;
La nuit parait plus sombre et le lieu plus inculte,
Comme si, dans ce bois, l'orage avait passé.
Alors, le front meurtri, les mains ensanglantées,
La figure abattue, et pourtant irritée,
De dessous les rameaux à demi fracassés,

Sortent péniblement les pâles émissaires :
D'Orsade et ses amis, blessés, ayant chacun
Pour appui généreux leurs propres adversaires,
Qui, quoiqu'atteints aussi, les aident en commun.
Le marquis de Cavour seul avait pris la fuite.
Les Vaudois, aux blessés, vont préparer un gîte;
Ignorant le dessein qui les avait conduits
En armes, dans ce bois, au lever de l'aurore,
Accusant le hasard des malheurs qu'on déplore,
De leur propre victoire ils semblent interdits.

Guidés par Elysée au seuil du presbytère,
Sara vient leur ouvrir : s'étonnant de revoir
Si matin, tout couverts de sang et de poussière,
Les mêmes voyageurs qu'elle avait vus le soir.
Mais elle ne vit plus alors que leurs blessures;

Cueillit pour les guérir les plantes les plus sûres :
L'ivette et l'arnica pour raffermir les chairs;
La guimauve et le lin pour adoucir les plaies,
Pour raviver leurs bords le liseron des haies,
Et pour les réunir l'armoise aux sucs amers.

Dans ces soins dévoués à leur convalescence
Ils puisaient à la fois la vie et le bonheur,
Admirant les vertus que cachait en silence
Un destin si modeste en de si nobles cœurs.
Devenus attentifs aux accents de la Bible,
Ils assuraient Arnaud d'un avenir paisible;
Mais peut-on garantir ce qu'on ne peut prévoir?
Et d'Orsade lui-même, oubliant son courage,
Devenait plus timide en aimant davantage;
Car plus l'amour est vrai moins il se laisse voir.

Sara, cherchant pour eux le baume des montagnes,
N'était pas toujours seule à recueillir leurs dons;
Dans ses courses parfois Fonfrède l'accompagne;
Et lorsque quelque fleur des rives du Gardon
Apportait à ses sens un parfum de patrie,
La nommant à Sara d'une bouche attendrie :
— Cette fleur ne sait pas combien je l'aime ici;
Mais heureux de l'aimer, je jouis en silence
Du charme inattendu que m'offre sa présence,
Elle est tout pour mon cœur. — Voilà, dit-elle, aussi

Une plante étrangère à toute autre vallée;
C'est l'élatine bleue; elle ne peut ailleurs
Ouvrir sous aucun ciel sa corolle étoilée,
Et meurt comme le lierre où s'attache sa fleur.
— C'est ainsi qu'ils donnaient, sans l'avoir énoncée,
Un voile transparent à la même pensée
Qui dans leurs jeunes cœurs s'enracinait aussi.
O secrets mutuels qu'on sait sans se les dire!
Lorsque l'on est heureux tout semble nous sourire;
Tout alors, aux Vaudois, semblait sourire ainsi.

Mais ils ne savaient pas qu'en cette nuit fatale
Où les deux envoyés, sur leurs pas revenus,
Loin d'enlever Sara de sa terre natale,
Furent dans ces vallons eux-mêmes retenus,
Le marquis de Cavour, échappé de leurs serres,
Honteux et rugissant, comme un loup dont les frères
Eussent par des brebis été faits prisonniers,
Fuyait vers Pignerol, sans attendre l'aurore,
Pour diffamer leur peuple et lui créer encore
De nouveaux ennemis pires que les premiers.

FIN DU CHANT ONZIÈME.

CHANT DOUZIÈME.

PLAN D'ATTAQUE.

La cour donnait alors une brillante fête.
Mille jeunes beautés avaient dans leur retraite
Rêvé depuis longtemps aux délices du bal.
— Régina d'Altura, dans le palais ducal,
Où près d'une parente elle était en visite,
N'aspirait qu'à paraître en ces salons d'élite.
Mais sa mère eût voulu l'y soustraire toujours.
— Nous ne sommes ici que depuis peu de jours,
Et nous devons bientôt retourner à Bubiane;
Ce voyage, ma fille, au repos nous condamne.
— J'aurai moins de fatigue après avoir dansé.
— Suppose que le bal soit aujourd'hui passé,
Ou rêve, en t'endormant, à sa molle cadence.
—Ah! ce n'est pas danser que rêver que l'on danse.
Les plaisirs qu'on attend ont toujours plus de prix
Que ceux que l'on n'a plus ou qu'on n'a jamais pris.
— Régina parut donc à la fête joyeuse;

Elle entra sémillante, elle en revint rêveuse;
Mais son cœur, par orgueil, sut taire le secret,
Qui l'avait fait passer de la joie au regret.

Lorsque dans les salons apparut Aladine :
— Quelle est cette princesse? — Oh! c'est une orpheline.
— Princesse de rencontre! ajouta méchamment,
La bouche de Frigille, au sourire charmant. —
Les montagnards Vaudois ne sont pas si barbares!
— Comment? — On dit qu'en elle ils ont donné des arrhes
De dévoûment au Duc et de soumission,
Pour faire à son plaisir en toute occasion.
— Ah! s'il les laisse faire, ils en feront de belles!
— Peut-on les accuser d'avoir été rebelles?
— Non pas, sous des édits favorables pour eux;
Mais s'il en est jamais qui soit plus rigoureux...
— Le dernier laissera peu de chose à reprendre,
Répondit, en passant dans un salon voisin,
L'interlocuteur grave au convié mondain.
— Aussi, deux jours après, a-t-on dû le suspendre.
Comme ils parlaient ainsi, l'on fit cercle autour d'eux :
C'étaient des gens d'église et de grands personnages,
Qui, d'un auguste ennui, d'un maintien soucieux,
Au milieu des plaisirs, conservaient l'apanage.
— Le Duc, en suspendant ses récentes rigueurs,
Confirme les bontés de ses prédécesseurs.
— De leurs prédécesseurs les rois sont-ils esclaves?
Dit un nouveau venu, d'un air insinuant,

D'un ton presque timide : obscur, mais influent.
L'édit de Nantes certe offrait d'autres entraves ;
Mais on l'a révoqué ; le prince a-t-il eu tort?
— Non ; mais pour être injuste il faut être bien fort.
— Il ne s'agit pas d'être injuste, mais habile,
Ajouta don Miéline, et rien n'est plus facile.
La force d'un édit est dans la volonté
De celui qui le rend ; or, il est constaté
Que les ducs de Savoie et princes d'Achaïe (*)
Ont toujours eu dessein d'extirper l'hérésie.
Ils n'ont pu réussir, et temporairement
Ont rendu ces édits de simple attardement.
Notre cher Souverain tient aujourd'hui leur place ;
Mais pour que Son Altesse à bon droit les remplace
C'est dans leur volonté qu'il faut leur succéder,
Non dans les embarras qui la firent céder.
Il sera donc bien mieux que cette œuvre s'achève.
— Quelles conversions opèrera le glaive?
— Le glaive est comme un soc qui féconde les champs :
Il donne force aux bons et détruit les méchants.
— Songez-vous sans frémir à la guerre civile?
Des souffrances sans but sont un mal inutile.
— Sans doute, mais ici le but est glorieux ;
C'est passer par le mal pour arriver au mieux.
— Pourvu qu'on n'aille pas s'arrêter au passage.

(*) Titre porté par les trois derniers comtes de Piémont. Ils résidèrent à Pignerol.

— Pour agir à demi Son Altesse est trop sage!
Reprit en souriant, d'un ton flatteur et doux,
Miéline de Sougriffe. — Il était envers tous
Patelin, mais cruel, liant, mais hypocrite,
Couvrant d'humilité l'orgueil et le dédain,
Toujours maître de lui : vrai type de jésuite.
Un jour, ayant été, près d'une néophyte,
Surpris comme Tartufe, il répondit soudain :
— C'était pour éprouver la vertu de madame,
Et m'assurer ainsi du salut de son âme.

Or, pendant qu'on dansait le marquis de Cavour
Passait rapidement sous les murs de La Tour.
Il roulait en son cœur mille sombres pensées,
A des vœux de vengeance incessamment poussées,
Et voulait, le jour même, arriver à Turin,
Pour insuffler sa haine au cœur du souverain.

Les vallons sont, dans l'ombre, emperlés de rosée;
Mais les Alpes déjà, dans un ciel moins obscur,
Présentent à leur cîme une teinte rosée,
Comme le front d'un ange entrevu dans l'azur.
Oh! que sur leur sommet l'homme se sent plus pur!
L'horizon s'agrandit au regard qui s'élève;
Les cloisons d'ici-bas s'effacent comme un rêve;
Tout s'unit, s'égalise et prend plus de douceur,
En gardant néanmoins sa forme et sa couleur.

Il semble même alors que la terre lointaine
Participe à l'azur de la voûte sereine;
La lumière circule en tout ce que l'on voit.
Il n'en est pas ainsi pour qui vit à l'étroit;
Tout fait ombre, tout blesse et rien n'idéalise,
Les aspects du regard qu'un poteau paralyse;
Et quand les passions viennent nous asservir,
Bien plus esclave encor de qui nous tyrannise,
En croyant commander on ne fait qu'obéir.
— Possédé par sa haine et tourmenté par elle,
Tel était l'ennemi des Vaudois. — Son cheval
Semblait, par son ardeur, épouser sa querelle;
Et, comme un vent d'orage, il traversait le val.
Briquéras est franchi, Pignerol le remplace;
Le cavalier descend dans la première cour,
Et demande à parler au commandant de place.
— Là soumettant sa fougue à de calmes discours,
Comme on donne au poignard un fourreau de velours :
— Un de vos lieutenants est à la promenade;
C'est par congé, sans doute? — Oui, le marquis d'Orsade
Chevauchant depuis hier, au pays des Vaudois,
Avec deux jeunes gens qu'il connut autrefois.
— Émissaires, dit-on, de Victor-Amédée?
— Dans quel but et vers qui? — La paix est accordée.
— A qui donc? — Aux Vaudois. — Comment! après l'édit
Par lequel tout espoir leur était interdit?
Auraient-ils abjuré? Non pas; leur violence
Jamais ne s'est montrée avec plus d'insolence.

— Cet édit n'était donc qu'un vain épouvantail.
— On le respecte en gros, on l'élude en détail.
— Bon! si c'est une énigme elle est peu mon affaire;
Mais ces messieurs, ce soir, me la rendront plus claire.
— Ils ne reviendront pas, car ils sont prisonniers.
— Prisonniers! et de qui? — De ces palefreniers,
De ces gens de labour, de ces pâtres vulgaires?
Se mesureraient-ils à des hommes de guerre!
Et cela, quand on vient leur apporter la paix?
— C'est par des attentats qu'on répond aux bienfaits.
— Mais c'est un guet-à-pens, un brigandage atroce!
— L'hérésie a toujours rendu l'homme féroce.
— Où s'est passé le fait? — Tout auprès de La Tour,
Où nous étions allés, au sortir de Cavour.
Ils nous tombèrent sus; et dans cette algarade
Les envoyés du Duc et le marquis d'Orsade
Sont restés au pouvoir de ces vils détrousseurs.
— Et l'on n'a pas déjà puni les agresseurs?
Et j'abandonnerais, après tant de batailles,
Un de mes officiers à de telles canailles!
Non certes! je suis prêt... Mais plutôt, dès ce soir
Rendez-vous à la cour; prévenez le pouvoir
Des fruits que dans le peuple a portés sa faiblesse.
Sans lâche complaisance, instruisez Son Altesse
De cette perfidie; et dites, de ma part,
Que mes soldats sont prêts à marcher sans retard,
Pour venger sa grandeur et sa gloire outragées,
Sur ces hordes sans foi contre nous insurgées.

Si les lois ne sont rien, si ses hauts alliés
Sont pour des scélérats chaque jour oubliés,
Si mon Maître, vainqueur de tant d'autres royaumes,
Impunément ici se voit voler ses hommes :
Que votre Souverain sache à n'en pas douter,
Que nous saurons sans lui nous faire respecter.

Cette altière parole est à peine entendue,
Que reprenant soudain sa course suspendue
Le marquis de Cavour a quitté Pignerol.
Son coursier reposé rase à peine le sol;
La crinière et la queue au vent, comme des ailes,
Il lance deux à deux ses jambes de gazelle,
Et semble moins courir que reprendre son vol.

Le soleil rouge et lourd se levant sur Varèse,
Comme un grand bouclier sorti de la fournaise,
Semblait avec efforts rouler dans les brouillards
Qui, sur toute la plaine, étaient encore épars.
Tantôt on ne voyait que des pointes de flammes
Comme des mâts de feu, sortir du fond des lames;
Tantôt, carène ardente, il découvrait aux yeux
Sa courbe lumineuse en des flots nébuleux;
On eût dit un navire en proie à l'incendie,
Illuminant les mers de sa longue agonie.
Mais, pareil au phénix que rajeunit la mort,

Qui renaît de lui-même et plus calme et plus fort ;
Pareil à ces héros que fait grandir la lutte
Et qui doivent leur gloire à qui les persécute,
On revoyait bientôt l'astre assuré des cieux,
De plus sombres vapeurs sorti plus radieux,
Gagner paisiblement l'éternelle coupole,
Comme un triomphateur qui monte au Capitole.
Tel lutte le génie avec l'obscurité,
Gagnant plus d'assurance et plus de majesté,
Jusqu'à ce qu'il s'élève au-dessus des nuages
Qui couvraient son berceau de leurs rampants orages.

Le marquis de Cavour, au galop du cheval,
Comme un spectre effrayé du soleil matinal,
Sombre et rapide, passe au milieu de la plaine,
Poursuivi par le fouet du Démon de la haine.
En vain la route élève en de blancs tourbillons
Sa poussière qui va neiger dans les sillons,
Son coursier haletant et couvert de fumée,
Jetant par les naseaux une écume enflammée,
En vain se tourne encore au seuil de l'hôtelier ;
Rien ne peut ralentir le fougueux cavalier,
Impatient d'ouvrir à son fatal génie
L'essor de la vengeance et de la calomnie,
Dont il tisse d'avance, avec un soin cruel,
Les fils insidieux autour d'un fait réel.

Cependant à la cour de Victor-Amédée
La perte des Vaudois n'était pas décidée,
Et dans ce moment même il s'entretenait d'eux
Avec ses conseillers, froids et respectueux.
— Pourquoi, leur disait-il, affaiblir nos frontières,
En arrachant ce peuple au pays de ses pères?
Pourquoi vouloir armer des bras qui sont soumis?
Changer des serviteurs en autant d'ennemis?
Interrompre une paix assurée et tranquille
Pour le succès douteux d'une guerre civile.
Quel que soit le vainqueur la perte est pour l'état.
— Votre gloire est un bien public. — Chaque combat
Ne fera qu'affaiblir mon peuple ou mon armée.
— Mais en doublant l'éclat de votre renommée,
Qui grandira de pair avec celle du roi,
Que l'on nomme aujourd'hui défenseur de la foi.
— Le titre est grand aussi de défenseur du peuple;
Pour épurer le sol, faut-il qu'on le dépeuple?
— L'Eglise, en qui l'atteint, n'a que des ennemis.
— Il suffit à l'Etat de citoyens soumis.
— Et de ce long support qu'espère Votre Altesse?
— Que les Vaudois, sentant ma force et ma sagesse,
Contenus par mes lois, heureux par ma bonté,
Me portent plus d'amour et de fidélité.
— Pour vos hauts alliés ils ne sont que des traîtres.
— De pareils alliés ressemblent à des maîtres!
— La même volonté règne dans les deux cours.
— Mais c'est celle du Roi, que nous faisons toujours.

Les meilleurs alliés sont des sujets fidèles;
Lorsque de Mondovi les cohortes rebelles
Menaçaient la couronne et la paix de l'état,
Lorsque l'on s'est rendu maître du Montferrat,
Que Gênes révoltée allait être perdue
Et qu'un hardi courage au trône l'a rendue,
Partout ces montagnards ont fait preuve à la fois
De zèle pour leur prince et d'ardeur pour leur foi.

C'est alors qu'écartant une troupe vassale,
Le marquis de Cavour apparut dans la salle.
— Sire, s'écria-t-il, que Dieu veille sur vous!
Et de vos ennemis qu'il détourne les coups.
Loin d'avoir abjuré leurs erreurs implacables
Des forfaits les plus noirs ils se rendent coupables,
Et si l'on use encor de longanimité
C'est pour des criminels de lèse-majesté.
— Quelle est, reprit le Duc, cette nouvelle offense?
Et, racontant la scène une seconde fois,
Le dénonciateur fait avec complaisance
Ressortir tous les torts imputés aux Vaudois.
Puis, joignant au récit les paroles formelles
Du gouverneur français à l'égard des rebelles :
Votre gloire elle-même ordonne de venger
Les victimes sur qui l'on vient de l'outrager.
— Avant de les venger il faudrait les entendre;
Et ceux que l'on accuse ont droit de se défendre.

— S'étant de leurs captifs lâchement emparés
Ils leur imposeront des discours préparés :
Aveux d'agression, de fautes supposées
Par lesquelles les leurs puissent être excusées.
Mais les leurs ne sont point des attentats fictifs;
Les faits parlent plus haut que la voix des captifs :
Des paroles d'ôtage, en ce cas, sont peu sûres.
Et sans qu'il soit besoin de nouvelles mesures,
Dans le cercle légal des édits publiés
La vindicte et le droit peuvent être alliés.
Mais je vois s'approcher l'ambassadeur de France,
Et vais attendre ailleurs, Sire, avec déférence,
Ce qu'il plaira peut-être à Votre Majesté
De confier plus tard à ma fidélité.

Instruit des mêmes faits par la voix assidue
D'une hostilité sourde en tous sens répandue,
L'ambassadeur français, vicomte de Grancy,
Venait au souverain les dénoncer aussi.
La faiblesse de l'homme a d'étranges mystères !
Le maître balança; les valets insistèrent;
Et Victor-Amédée, oubliant son beau nom,
Devint lâche et cruel, de magnanime et bon.

Par son ordre, au palais, le conseil se rassemble.
Les noms les plus divers y sont admis ensemble :
Gabriel de Savoie, oncle du souverain :

Le comte de Verceil, gouverneur de Turin;
Du Coudray, commandant du fort de Fenestrelles;
Le marquis de Cavour, le comte de Parelles;
Puis enfin Catinat, gouverneur de Casal,
Catholique servile et hardi général.

Au milieu du salon, la carte des vallées,
Sur une large table à leurs yeux déroulée,
Trahit fidèlement tous les plis du terrain,
Qui sillonnent le sol, des Alpes à Turin.
Des signes différents sous leurs doigts prennent place;
Chacun des généraux à son tour les déplace.
Ce sont les campements, les marches des soldats,
Les postes désignés aux chances des combats,
Dont chaque point, soumis à la sanglante équerre,
Est d'avance fixé par le conseil de guerre.

— A quoi bon tant de soins? dit le fier Catinat;
Pour en venir à bout il suffit d'un combat.
— Peut-être! aux nobles cœurs, à des mains aguerries...
— Noblesse de charrue et preux de bergeries!
Au souffle des canons il n'en restera rien.
— Vous ne connaissez pas ces hardis plébéiens,
Qui, sortis de dessous leurs frêles toits de chaume,
Ici même ont jadis battu seize mille hommes.
— Quand donc, avec tant d'aise, a-t-on vu les Vaudois
Accomplir, s'il vous plaît, ces fabuleux exploits?

— Sous le pontificat d'Innocent VIII. Ce Pape
D'anathème et de guerre en même temps les frappe (*).
Son Nonce, Cattanèe, entraîne sans effort
Une immense croisade à cet appel de mort.
En bataillons réglés ils marchaient douze mille.
Un tas de vagabonds, de pillards sans asile,
Attirés après eux par l'appât du butin,
En nombre presque égal partageaient leur destin.
On leur avait promis indulgences plénières,
Saccagement, viol, pillage des chaumières,
Et la gloire et le ciel par dessus le marché.
Ce peuple devait être en un jour retranché
Du nombre des vivants. Eh bien, dans sa furie,
Cette inondation de lâche barbarie
Qui devait des Vaudois détruire jusqu'au nom,
Et dont l'ardeur valait le souffle du canon :
Toute cette croisade au carnage animée,
Les prélats et les chefs, les corps francs et l'armée,
Tout fut, après deux mois, épars ou massacré,
Comme si le sol même avait tout dévoré.
— Ce sont là des revers que nous ne craignons guères ;
Entre les gens d'église et les hommes de guerre
La différence est grande, et vous le verrez bien !
A pareille besogne un pape ne vaut rien.
Mais il faut, reprit-il, que dans les deux vallées

(*) Par une bulle, datée du 5 des calendes de mai, 1477.

Nos troupes à la fois puissent être appelées.
Parelles campera sur les flancs de Pramol;
Je ferai sur Pérouse avancer Pignerol;
Et vous, don Gabriel, auprès de Son Altesse
Dont vous commanderez la vaillante noblesse,
Prête au premier signal à marcher sur La Tour,
Vous irez établir vos tentes à Cavour.
Ainsi de tous côtés saisissant les rebelles,
Nous exterminerons leurs races criminelles.
— Ils vendront bien leur vie et ce qui leur est cher!
— Qu'ils la vendent, morbleu! ce ne sera pas cher.
Je veux les écraser dans leurs nids de vipères;
Détruire l'hérésie au fond de ses repaires;
Et privant cet enfer de son dernier tison
Dans le sang des Vaudois en effacer le nom.

Ainsi, du despotisme on se fait une hâche,
Qu'un caprice suspend et qu'un soupçon détache;
Oh! de la liberté quand viendra l'heureux jour
Faire régner partout la justice et l'amour!

FIN DU DOUZIÈME CHANT.

CHANT TREIZIÈME.

PLAN DE DÉFENSE.

Le pays des Vaudois est formé de vallées,
Dont le hardi profil découpant l'horizon
Indique les contours de ces anses voilées,
Où l'ombre des rochers flotte sur le gazon.
Quand de chaudes vapeurs s'élèvent des campagnes,
Les plans interposés des chaînes de montagnes
Se détachent, plus doux de teintes, et pareils
A des feuillets d'azur dans un milieu d'opale :
Faisant comme un camée avec l'horizon pâle
Qui devient transparent à force de soleil.

Voilà le val Luzerne aux fertiles pelouses,
Qu'arrosent les versants d'Angrogne et de Rora;
Plus près de Pignerol est celui de Pérouse,
Qui prend, dans les hauteurs, le nom de Pragela.
Entre eux, celui de Pral : froids et rudes parages,

Où s'étendent pourtant de riches pâturages ;
Et, plus près de la plaine, en onduleux gradins,
Comme des flots gonflés à l'assaut de leurs grèves,
Des tertres arrondis l'un sur l'autre s'élèvent,
Ruisselants de bosquets, de champs et de jardins.

Sur ce cap, écumant de vagues bocagères,
Un renflement plus haut domine de plus loin,
Consacré par le nom des clochettes légères (*)
Qu'y portent les troupeaux dans la saison des foins.
Des arbres colossals, témoins des temps antiques,
Y recourbent leurs bras en immenses portiques;
Et leurs fûts élancés se dressent dans le ciel,
Comme une colonnade entre les deux vallées,
Développant au loin leurs vastes propylées :
Péristyle du temple où se plaît l'Eternel.

Sur ce cap avancé qui domine la plaine
Au retour du matin paraissent les Vaudois,
Pour juger d'une attaque ou tardive ou prochaine,
Et mieux sauvegarder leurs autels et leurs toits.
Un rideau de brouillards leur dérobait encore,

(*) On nomme cette sommité : *les sounaillètès*, de *sounailla*, cloche de bétail.

Comme sous une mer, l'horizon près d'éclore;
Mais bientôt les reliefs plus boisés du terrain,
Dégagés à demi, sortent comme des îles :
Tels on voit les palmiers, les dunes et les villes,
Emerger, en été, du Nil calme et serein.

Des nocturnes bivacs les feux brillent encore
Au bas de la montagne où, depuis un seul jour,
Les camps ont fait surgir des villes qu'on ignore
Et qu'on voit s'aligner de Pérouse à Latour.
Du pays menacé fermant la double entrée
Les troupes sont aussi sur deux points concentrées;
Celles de Catinat occupent Pignerol;
Et Victor-Amédée, à la tête des siennes,
Fait flotter sur Cavour les bannières anciennes,
Qui dans le Montferrat signalèrent leur vol.

— Cela s'annonce mal! dit le vieil Albarée;
Nous voilà maintenant cernés de toutes parts,
Sans pouvoir, vers la France, espérer une entrée
Comme au temps d'Henri IV. — Eh bien, dans ces remparts
Où déjà si souvent ont vaincu nos ancêtres,
Nous saurons, à l'abri des lâches et des traîtres,
N'attendre de salut que de nous! — Et de Dieu!
Ajouta gravement Arnaud. — La Providence,
Reprit le patriarche, a donné la prudence
Pour guide à ses enfants; transiger vaudrait mieux.

— Transiger ! avec qui ? comment ? sur quelles bases ?
S'écria Reynaudin, jeune homme aux cheveux noirs,
Au cœur rempli de flamme et de pures extases,
Excessif dans la joie et dans le désespoir.
De nos premiers efforts connaissez-vous l'issue ?
Notre requête même a-t-elle été reçue ?
D'insidieux propos, qui nous ont endormis,
Ont de cette démarche été le vain salaire ;
Que ferions-nous de plus ? C'était déjà trop faire !
On ne peut transiger avec des ennemis.

— Il est vrai, dit Turrel. C'est pour avoir naguères
Trop souvent accepté de ces transactions,
Que d'édits en édits et de guerres en guerres,
Nous sommes arrivés à la proscription.
— Quant à nous, répondit Ardoin, nos privilèges
N'avaient jamais été plus souvent reconnus,
Timbrés, enregistrés, ratifiés, que sais-je ?
Qu'avant ces mauvais jours où nous sommes venus.
— Jusqu'ici néanmoins, en de pareilles crises,
Votre peuple est resté maître de ses franchises.

— On résiste à la force ; oui : le bras vaut le bras !
Mais lorsque tout nous trompe et que tout nous abuse,
La loyauté ne peut résister à la ruse.
— Dieu du moins, mes amis, ne vous trompera pas !
Mais il faut nous aider si l'on veut qu'il nous aide ;

Il faut savoir s'entendre, et lutter, dit Fonfrède,
Par la tactique aussi, comme par la valeur.
C'est l'ensemble surtout qu'il faut au petit nombre;
Les hauts faits ne sont rien, s'ils se perdent dans l'ombre,
La vie, à tout le corps, ne vient que d'un seul cœur.

— Oui, reprend le Pasteur, point d'écarts téméraires;
Pour qu'un faix soit solide il faut bien l'attacher.
Si nous restons unis, nous serons forts, mes frères!
En cimentant le sable on en fait un rocher. —
Sa voix est applaudie; on envoie un message
Aux Vaudois de Pérouse, exposés les premiers;
A ceux de Saint-Martin, dont le mâle courage
Du vallon plus étroit protège les sentiers :
Pour qu'en chaque vallée et qu'en chaque village
Pâtres et laboureurs deviennent des guerriers.

Puis, le conseil de guerre établit divers postes
D'attaque et de défense. Odin doit occuper
Depuis Roche-Manant jusques à Vertes-Costes;
Caffarel et Paschal plus haut iront camper,
Pour garantir les rocs qui défendent la route
Dite Porte-d'Angrogne, et qu'en cas de déroute
Ils puissent s'appuyer sur ceux de Pra-du-Tour;
Elysée et Negrin surveilleront l'armée,
Prêts à lui résister, du haut de Champ-Ramée,
Qui domine à la fois Val-Roussine et La Tour.

L'ennemi força-t-il ces postes redoutables,
Le vallon rétréci lui réserve, plus haut,
Des barrières encor bien plus infranchissables.
Rospart, que défendront Albarée et Chambaud;
Les Serres-de-Cruel, l'Aiguille et Roche-George,
Bastions échelonnés sur une même gorge;
Les rochers du Castel, où doit veiller Artus;
Puis enfin, sous Bariound, la combe de Maloure
Qu'un vaste éboulement de ses débris entoure,
Entre deux défilés : Marbec et Malpretus.

Ce double Pas-de-Scise, où le Pélis s'avance
Est gardé par Jahier et Talmont : deux chasseurs,
Qui dans cet entonnoir prépareront d'avance
Une salve imprévue à leurs envahisseurs.
Entre d'énormes blocs plus pesants que les marbres,
Sur les flancs du Bariound ont poussé de grands arbres;
Tous ces troncs, vers la terre entaillés à demi,
Seront à leur ceinture attachés par des câbles;
Et contre leurs parois des masses formidables
De rocs accumulés par des leviers soumis,

Chargeront ces étais d'énormes reculées;
Puis les câbles étant tous à la fois coupés,
Les arbres tomberont sous le poids des culées;
Et, comme des Titans, les bataillons frappés,
Ecrasés, engloutis, broyés par la mitraille

Que le mont semblera vomir de ses entrailles,
Ne pouvant se soustraire à cet écroulement,
Seront réduits à rien, comme une fourmilière,
Comme des grains de blé sous la roche meulière,
S'ils doivent parvenir à cet escarpement.

Mais le jour s'avançait; au bas de la vallée
Un étrange cortège attira les regards;
On eût dit que c'était une troupe exilée
De femmes et d'enfants conduits par des vieillards.
Ils venaient de la plaine aux bourgades craintives,
Où se trouvaient déjà les troupes agressives.
L'effroi, la suppliance et la timidité
Luttaient avec l'espoir sur leur charmant visage,
Où, comme des rayons en des gouttes d'orage,
Brillaient entre les pleurs des regards de bonté.

Quelques-unes portaient sur leur tête inclinée,
Des corbeilles d'osier, des vases soutenus,
Dans le balancement de leur marche étonnée,
Par l'appui gracieux qu'élevaient leurs bras nus.
Dans leurs soins journaliers d'autres, comme surprises,
D'un simple intérieur gardaient encor la mise.
Le trouble d'un départ triste et précipité,
Fatigues de voyage et désordre d'alarmes,
(Sans que la négligence otât rien à leurs charmes)
Faisaient par le contraste éclater leur beauté.

Les montagnards alors reconnurent en elles
Des filles de Cavour, de Montbrun, de Fenil,
Qui paraissaient quitter leurs maisons paternelles,
Comme pour se soustraire à quelque grand péril.
Aux montagnards, bientôt, leur vieux guide l'explique.
— O Vaudois! leur dit-il, nous sommes catholiques;
Mais c'est le même Dieu que nous avons au ciel :
Dieu, que le vice outrage et les vertus honorent!
Sous des cultes divers, les cœurs purs qui l'adorent,
Portent les mêmes vœux à différents autels.

Dans nos bourgs, que des camps le tumulte environne,
L'indiscipline n'a de respect pour personne;
Et nous fuyons ici devant vos agresseurs.
On ne sait ce qui peut arriver par la suite :
Mais, vos monts sont encore fermés à leur poursuite,
Et vous seront toujours de puissants défenseurs.
Recevez nos enfants au sein de vos familles!
Nous venons, pour cela, vous conduire nos filles;
Elles seront ici, mieux encor que chez nous,
A l'abri des soldats qui marchent contre vous.

En vain, nous avions cru, sur la foi de l'Église,
N'avoir à déplorer que vos propres malheurs;
L'hérésie est partout où naît leur convoitise,
Où peuvent s'attacher leurs brutales fureurs.
Ouvrez-nous de vos monts l'inaccessible asile!

Accordez un refuge aux vertus qu'on exile ;
L'espoir de nos maisons s'abrite entre vos mains.
A votre intégrité notre honneur se confie ;
Ces ôtages, plus chers que notre propre vie,
D'une retraite sûre attendent les chemins (*).

— Amis, répond Arnaud, Dieu, dans sa main puissante,
Tient le cœur des mortels ; il dispose à son gré
Du sort de ses enfants. Vos cités florissantes
Ainsi que nos hameaux l'ont jadis adoré.
Mais si vous n'êtes plus des coréligionnaires,
Vous nous êtes toujours concitoyens et frères.
Soyez les bienvenus ! Vaincus ou triomphants,
Ce chaste et saint dépôt que le ciel nous confie
Vous sera garanti par notre propre vie.
Jeunes filles, venez ; vous êtes nos enfants !

(*) En 1560 les Catholiques de la plaine du Piémont, domiciliés dans le voisinage des vallées Vaudoises, voyant s'approcher des troupes dirigées contre ces vallées, envoyèrent parmi les Vaudois, leurs femmes et leurs filles, pour les mettre à l'abri des violences de la soldatesque persécutrice. Ce fait presque incroyable, et si digne d'être recueilli par la poésie, est mentionné par tous les historiens du temps. — Voir : DE THOU, livre VI. — REICHARDUS : *Memorabilis hist. persec. in pop. Valdensem a 1545 ad 1561.* — CRESPIN, etc.

Aux généreux accents de cette voix émue
Les yeux de l'envoyé se baignèrent de pleurs.
L'âme des montagnards se sentit déjà mue
D'un nouvel héroïsme aux plus nobles ardeurs.
Michelin connaissait l'une des exilées.
— Grésilla, lui dit-il, venez dans nos vallées;
Elles vous offriront un asile assuré.
Ne fût-ce que pour vous Dieu bénira nos armes,
Vous n'aurez, sous nos toits, aucun motif d'alarmes;
Notre but était juste et Dieu le rend sacré!

Et toute la nature alors parut plus belle,
Le ciel pur resplendit d'un éclat plus vermeil;
Chaque fleur, comme une urne où l'encens étincelle,
Débordait de parfums aux rayons du soleil.
Au bout de l'horizon la plaine d'Italie,
D'éclatantes cités richement embellie,
Élevait dans l'azur ses contours incertains;
Et du fond des grands vals, où se cache leur source,
Le Pélis et le Pô, grandissant dans leur course,
Calmes et lumineux montaient dans ces lointains.

— Puisque, sur ces hauteurs, l'Eternel nous rassemble,
Dit le grave et pieux Avondès : mes amis,
Avant de nous quitter prions le tous ensemble,
Pour qu'en nous séparant il nous maintienne unis.
— Dieu puissant, qui jadis as protégé nos pères,

Et les a fait revivre à des jours plus prospères,
Protège aussi leurs fils, pour tes desseins futurs!
Toi qui dans les déserts défendis tes Lévites
Contre les Philistins et les Amalécites,
Veille sur les amis qui seront dans nos murs!

Tu vois ces chers enfants qui vont être les nôtres;
Fais-nous de leur défense une religion.
En fuyant des dangers, qu'ils n'en trouvent point d'autres,
Protège-nous, afin que nous les protégions!
Que ces monts soient toujours tes plus chers sanctuaires!
Nous te prions, Seigneur, pour nous et pour nos frères;
Pour les persécutés et les persécuteurs.
Daigne donner aux uns la force et le courage;
Aux autres la pitié, la clémence en partage;
A tous, de n'être un jour que tes adorateurs. —

Aux pieds du saint vieillard l'ombre de la montagne
Comme l'indicateur d'un immense cadran,
Se prolongeait déjà sur l'orbe des campagnes
Dont elle mesurait le gigantesque plan.
Les bas-fonds se voilaient d'une teinte azurée.
— Il faut quitter ces lieux, dit alors Albarée;
Les pieds de ces enfants ont besoin de repos;
Que, vers un abri sûr, et pourtant agréable,
L'un de nous les conduise : et, quoiqu'on nous accable,
Leur asile sera couvert par nos drapeaux.

De leur dernier regard saluant ces collines,
On les voit disparaître aux pentes du vallon,
Où le soleil dorait, comme des javelines,
Les nombreux échalas des ceps en échelons.
Ils traversent du Pons les sauvages futaies;
Passent à Castellus qui déjà sur ses haies
Des grappes du nebieul (*) fait flotter les saphirs,
Le vallon tout entier semble être une corbeille
Aux rebords de cristal, où la fleur et l'abeille
Échangent des baisers sous l'aile des zéphirs.

— Quel séjour enchanteur! que n'est-il ma patrie!
Dit Grésilla, tout bas, à l'une de ses sœurs.
— Il le sera, reprit sa compagne attendrie;
La patrie est aux lieux où l'on a mis son cœur. —
Parfois, s'offrait aux yeux dans un coin de prairie
Une hutte cachée : humble et riant séjour;
Nid d'heureuse indigence où tout est plein de vie!
Des poules sur le toit, des chèvres dans la cour,
Une vache peut-être au fond de l'écurie,
Des enfants sur la porte et des fleurs à l'entour.

(*) Nom Vaudois d'un cépage, à fruits d'un noir azuré.

— Arrêtez-vous ici! dit le père, avec grace;
Venez vous rafraîchir et prendre du repos.
— On cède à son appel; on entre, l'on se place,
Non point dans la maison mais autour de l'enclos.
Des fruits sont apportés suspendus à leur branche.
— Le sentier du départ sur les tertres se penche;
On arrive au Chiabas : temple des anciens jours
Dont les deux côtés blancs, dans la pelouse verte,
S'elargissent à l'œil, comme une Bible ouverte,
Sur la soyeuse ampleur d'un tapis de velours.

Le cortège enfantin traverse les collines
Par des détours voilés d'aulnes et de bouleaux,
Ecartant devant lui d'humbles fagots d'épines
Ou de grossiers claydals opposés aux troupeaux.
Quelquefois on voyait passer entre les saules
De hardis montagnards, portant sur leurs épaules
De vieux fusils de guerre et des munitions;
Des mères qui rentraient au sein de leur famille,
Et qui, donnant la main à leurs petites filles,
Semblaient devoir leur force à leurs affections.

On descend aux Champs-Bons, pour tourner par derrière,
Le redoutable fort qui domine La Tour.
De l'herbe et des buissons l'ondoyante barrière
En réseaux parfumés y tamise le jour.
Là souvent les genêts, les gramens, les ombelles,

Les fougères sans nom qui se croisent entre elles,
Avant de s'écarter devant nos voyageurs,
Résistaient à leurs bras plongés dans la verdure,
Tellement qu'envahis jusques à la ceinture,
Il leur fallait nager en des vagues de fleurs.

Et mille insectes d'or, en poussière irisée,
S'élevaient sous leurs pas ou tombaient sous leurs mains;
On eût cru voir dans l'air s'envoler la rosée,
Ou les astres du ciel étoiler les chemins.
Mais enfin la colline est franchie, et la vue
Découvre tout-à-coup une vaste étendue :
Un bassin de vallée à nul autre pareil,
Découpé sur ses bords en golfes de feuillages
Où sont de blancs chalets, comme des coquillages
Apportés par la vague aux splendeurs du soleil.

Se peut-il qu'en des lieux si doux et si tranquilles
L'homme ait montré jadis tant de férocité!
L'Espagnol, amené par les guerres civiles,
Au fanatisme ici prêta sa cruauté. (*)
— De l'argent! des bijoux! s'écriaient ces infâmes.

(*) En 1594.

Arrachant les anneaux passés aux doigts des femmes.
Si l'or ne venait pas ils emportaient la main.
— De l'or et des plaisirs! — Victoire aux catholiques!
Gloire à la sainte Vierge et mort aux hérétiques! —
Tels étaient les accents de leur zèle inhumain.

— Oui, la messe ou la mort. — Non! n'épargnez personne;
Tuez tout! le Seigneur reconnaîtra les siens!
— De ces cris furieux Béziers encor frissonne!.....
Oui Dieu discernera les bourreaux des chrétiens.
— Guidé dans les rochers par sa petite-fille
Un vieillard avait fui, courbé sur sa béquille.
Il avait cent douze ans (*), elle en avait dix-huit.
Mais ils furent trahis. Comment? par leurs cantiques;
Aussitôt, sous les coups des hordes frénétiques,
Le vieillard tombe mort et la vierge s'enfuit.

Mais elle est poursuivie, elle est près d'être atteinte;
Au bord du précipice elle voit les soldats,
Ouvrant déjà leurs mains, pour la fatale étreinte
Qui la rendra captive au bout de quelques pas.
O Dieu! pardonne-moi! s'écria son courage;

(*) Ces détails sont donnés par GILLES, *Histoire des Vaudois*, page 299.

Je rejoindrai ma mère, et du moins sans outrage!
La mort est sous ses pieds; elle s'élance... Adieu,
Noble et chaste héroïne! Adieu, céleste fille,
Qui rapportas au ciel l'éclat pur dont il brille!
Ton corps est à la terre et ton âme est à Dieu.

Le cortège a passé, nous sommes à Cervières;
Les chemins sont moins beaux et les arbres plus grands;
Le jour mourant transforme en brillantes rivières,
Les crêtes des hauteurs que creusent les torrents.
— Il faut presser le pas, la route est encor longue!
On marche; et du Teynau, s'offre la plaine oblongue,
Comme une immense ellipse au plan démesuré.
On arrive au Villar, par des circuits sans nombre;
Le bassin de Bobi s'ouvre enfin, calme et sombre,
D'arbres et de rochers jusqu'au ciel entouré.

Ses champs aériens abritent l'espérance
Du pauvre, dont le seigle est l'unique aliment.
Les mains du campagnard, avec persévérance,
Rendent le sol sensible à son attachement.
La culture avec lui s'élève dans les nues.
Pour soutenir la terre, au flanc des roches nues,
On a construit des murs en immenses gradins;
Le chamois étonné doute de son domaine;
Et souvent, à deux pas du glacier qui l'amène,
Il est venu, la nuit, brouter dans les jardins.

Les jeunes voyageurs contournent ces barrières
Où, du soir au matin, l'on parque les troupeaux ;
Le sentier devient rude aux abords des Fraisières (*)
Où leur pied fatigué doit trouver le repos.
De la nuit qui s'avance et du jour qui recule,
Au flanc des monts déjà lutte le crépuscule,
Qui semble en sa pâleur les effacer aux yeux :
Tellement qu'on dirait un vide qui sépare
Le faîte des glaciers, lumineux comme un phare,
De la base des monts où tout est ténébreux.

Et de ces sommités la chaîne étincelante
Semble alors suspendue au-dessus des vallons,
Bleus, profonds, infinis, dont la lune tremblante
Fait seule ressortir les sombres mammelons.
C'est ainsi, nous dit-on, que l'anneau de Saturne
Rayonne suspendu sur son globe nocturne,
Allongeant tout un monde au travers de l'azur,
Et faisant resplendir encor, dans la lumière,
Ses continents de flamme au-dessus de la terre
Que son opacité couvre d'un voile obscur.

(*) Dans l'idiome Vaudois le nom de ce hameau est *Maoussè*, et signifie *fraises*.

Comme un bain qui s'élève on voit l'ombre s'étendre;
Les rescifs lumineux épars sur le glacier,
Pareils à des tisons qui se couvrent de cendre,
Pâlissent par degrés et cessent de briller.
On dirait que le jour monte de cîme en cîme,
Et qu'au dernier sommet, par un geste sublime,
Il lève encor ses mains vers l'astre qui s'enfuit.
Mais le jour a fait place aux clartés étoilées;
Et le cortège las, des jeunes exilées,
A l'abri qui l'attend arrive avec la nuit.

Là se trouvaient déjà quelques jeunes Vaudoises,
Qui vinrent au-devant de ces nouvelles sœurs,
Pour leur ouvrir plus tôt les portes villageoises,
Où du repas du soir les attend la douceur.
Pour réjouir leurs yeux un grand feu de bruyère
Illumine les murs de l'étroite chaumière;
Mille soins attentifs vont prévenir leurs vœux.
— Il faut vous reposer; il faut changer de linge;
Prendre un bouillon : du thé de tilleul et d'éryngе (1);
Il faut vous garantir de nos froids rigoureux.

(*) L'arôme des fleurs du tilleul, et les qualités légèrement astringentes du panicaut — nom vulgaire de l'éryngе (*eryngium campestre*) dont on emploie encore la racine, — donnent à leur mélange, enrichi quelquefois de pointes de véronique (*ver. alpina*, spicata), une partie des propriétés utiles et agréables du thé proprement dit.

Et dans les bourgs qu'avaient quittés ces jeunes filles,
S'intrônisaient alors, autrement familiers,
Des soldats peu jaloux du repos des familles,
Qui venaient, disaient-ils, en vaillants chevaliers,
Pour défendre la foi des coups de l'hérésie;
Mais leurs actes disaient : rapine et frénésie.
Lorsqu'autour d'une ville ils allaient bivaquer,
Ce n'était que tapage et scandaleux esclandre.
Ah! si l'on traite ainsi ceux qu'on prétend défendre,
Qu'auront donc à souffrir ceux qu'on vient attaquer?

FIN DU CHANT TREIZIÈME.

TABLE.

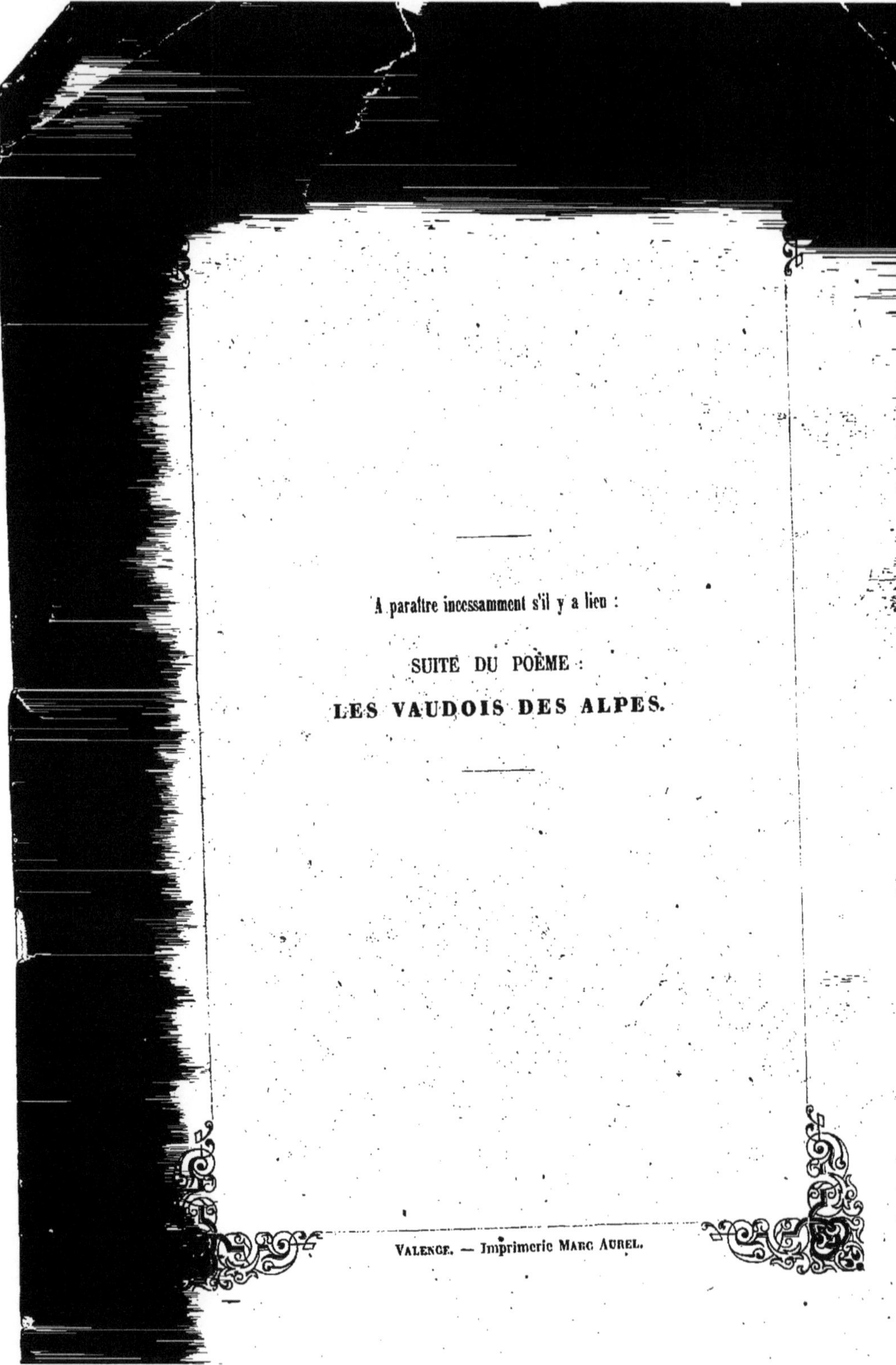

A paraître incessamment s'il y a lieu :

SUITE DU POÈME :

LES VAUDOIS DES ALPES.

VALENCE. — Imprimerie MARC AUREL.

www.ingramcontent.com/pod-product-compliance
Ingram Content Group UK Ltd.
Pitfield, Milton Keynes, MK11 3LW, UK
UKHW020139220726
13923UKWH00001B/254

9 782019 318710